Daniel Kranzbühler

Beschreibung der Waldungen auf dem bunten Sandsteingebirge der Pfalz

Daniel Kranzbühler

Beschreibung der Waldungen auf dem bunten Sandsteingebirge der Pfalz

ISBN/EAN: 9783743374300

Hergestellt in Europa, USA, Kanada, Australien, Japan

Cover: Foto ©Andreas Hilbeck / pixelio.de

Manufactured and distributed by brebook publishing software (www.brebook.com)

Daniel Kranzbühler

Beschreibung der Waldungen auf dem bunten Sandsteingebirge der Pfalz

Beschreibung

der

Waldungen auf dem bunten Sandsteingebirge der Pfalz

bezeichnet mit dem Namen

Pfälzerwald

und

Wirthschaftsregeln

für dieselben.

Speyer.

Buchdruckerei von Daniel Kranzbühler.

1 8 6 1.

Inhalts-Verzeichniss.

	Seite.
Einleitung	1
Beschreibung	2
Lage, Klima, Boden	2
Frühere Bewirthschaftung. Bestandsformen	7
Wirthschaftsregeln	16
I. Hauptrichtung der künftigen Wirthschaft	16
II. Hiebsarten und deren Ausführung	20
Im Allgemeinen	20
Auszugshauungen	22
Läuterungs- (Ausjätungs-) Hiebe	23
Durchforstungen	25
Vorbereitungshiebe	27
Angriffshiebe	29
a) Zweck	29
b) Hiebsrichtung	29
c) Arten des Angriffs	30
1. Laubholz-Verjüngung	30
Angriffshieb	30
Nachhauungen	32
2. Erziehung von Kiefern nach Laubholz	35
3. Kiefern-Verjüngung	36
4. Anzucht von Laubholz nach Kiefern	38
III. Forstkulturen	39
1. Vorbereitung des Bodens in den Besamungsstellungen	40

2. Verbreitung und Einbringen des Samens in denselben	41
3. Schlag-Nachbesserungen	43
4. Unterstellung der zum längern Ueberhalten bestimmten Eichen	46
5. Künstliche Wiederbestellung der Kahlhiebe und Oedungen	47
Anlage von Saat- und Pflanz-Kämpen . . .	50
Bearbeitung des Bodens in Mittel- und angehend haubaren Beständen	52
Wege	52
IV. Benutzung der Waldstreu	53
Schluß-Bemerkung	54
Kultur-Tarif	55

Einleitung.

Im Jahre 1843 wurden auf höhere Anordnung in einem größeren Comite zu Johanniskreuz Wirthschaftsregeln für die bezeichneten Waldungen berathen und festgestellt. Diese Regeln haben bei ihrer bisherigen Anwendung im Allgemeinen als zweckmäßig sich bewährt und werden nunmehr mit den nöthigen Abänderungen und Zusätzen, wie solche aus den Erfahrungen beim Wirthschaftsbetrieb seit jener Zeit hervorgegangen und bei den periodischen Waldstands-Revisionen und äußern Inspicirungen als nothwendig erkannt worden sind, in nachstehender Darstellung kurz zusammengefaßt, um zunächst den in Kaiserslautern 1861 sich versammelnden süddeutschen Forstwirthen über den Zustand und Betrieb dieser Waldungen bei ihren Excursionen einen allgemeinen Ueberblick zu gewähren.

Beschreibung.

Lage, Klima, Boden.

Im Süden der Pfalz, auf dem ganzen Striche zwischen Pirmasens und Bergzabern, überschreiten die Vogesen in ihrer nördlichsten Verlängerung die Landesgrenze, verzweigen sich von dort aus in nord-nordöstlicher Richtung über den größeren Theil des Bezirkes und werden hier das Hardtgebirge genannt; während das preußisch-bayerische Steinkohlengebirg, von Südwest gegen Nordost streichend, sich über den kleinern, nördlichen Theil der Pfalz erstreckt.

Diese beiden Gebirgszüge geben — abgesehen vom Rheinthale — dem Lande die Gestaltung seiner Oberfläche, seinen Boden und sein besonderes Klima. Der Fuß beider begegnet sich längs der Straße von Saargemünd nach Homburg, dem Torfgebrüche bei Landstuhl, Otterberg, Winnweiler und Standenbühl, wo das Kohlengebirg in den bunten Sandstein hinüberstreicht. Dieser Linie folgt eine von Südwest nach Nordost ziehende Niederung, deren mittlere Erhebung über die Meeresfläche 650—700 pariser Fuß beträgt.

Diese Niederung scheidet die Pfalz in einen nordwestlichen, dem Steinkohlengebirge und einen südwestlichen — größtentheils dem bunten Sandsteine angehörigen Haupttheil, von welch' letzterm hier allein die

Rede ist. Der Hauptrücken des Hardtgebirges zieht vom Ketterichhof bei Pirmasens über Johanniskreuz nach dem Schorlenberge bei Alsenborn und bildet die Wasserscheide nach Osten und Norden zum Rheine, nach Westen zur Saar.

Zur Sandsteinformation, jedoch nicht mehr zum Hardtgebirge, mag auch jener Gebirgstheil zählen, welcher von der Höhe bei Pirmasens über die Maßweiler und Sickinger Höhe, dann über Neuhornbach gegen die Blies und im Bliesgau bis zur Saar hinzieht, auf den Bergrücken ganz oder nur theilweise, sowie mehr oder minder mächtig mit Muschelkalk überlagert ist und an den meist steilen Gehängen einen bindenden Sandboden hat.

Das eigentliche Hardtgebirge, zum Theil auch Westrich genannt, d. h. jene Gebirgslandschaft, welche zwischen Weißenburg, Neustadt, Dürkheim, Grünstadt, Winnweiler, Otterberg, Kaiserslautern, Waldfischbach, Pirmasens und Eppenbrunn liegt, von welchem jedoch Ausläufer bei Zweibrücken, Blieskastel, St. Ingbert und Homburg in ansehnlichen Gebirgsstöcken ohne Kalkbedeckung auftauchen, trägt allein den Charakter des bunten Sandsteines rein und unvermischt, wiewohl an seinem Ostrande vereinzelte Lager von Diorit, Granit, Basalt, reinem Thon und Kalksteinen vorkommen.

Die fragliche Gebirgslandschaft ist in der Hauptsache (52 %) der Waldwirthschaft zugewendet. In ihr liegen die königl. Forstämter Annweiler, Dahn, Pirmasens, die Reviere Karlsberg, Winterbach, Zweibrücken, Neuhornbach und Theile von Bebelsheim und Blieskastel des Forstamts Zweibrücken, die Forstämter Waldfischbach, Elmstein, Kaiserslautern (ausschließlich des Communalreviers Neuschbach), die Reviere Rosenthal und Neuhemsbach vom Forstamt Winnweiler und endlich das Forstamt Dürkheim, mit zusammen

241,946 *) Tagwerk Staats-,
157,732 Tagwerk Gemeinde- und Stiftungs-,
58,354 Tagwerk Privatwaldungen.

Diese imposante, verhältnißmäßig nur wenig unterbrochene, in der Hauptsache vielmehr zusammenhängende Waldmasse von 458,000 Tagwerk wurde mit dem Namen „Pfälzerwald" bezeichnet.

In dieser Gebirgslandschaft, deren durchschnittliche Elevation 900—1000 pariser Fuß betragen mag, haben die meisten Bergrücken des Hauptzuges und der Seitenarme eine Höhe über dem Meere von 1300—1400 pariser Fuß. Jedoch erheben sich, gleichsam auf den Bergrücken aufgesetzt, meist in Kegelform mit breiter Basis, einzelne Berge zu einer Höhe von 1600—2000 pariser Fuß und darüber, z. B. die Wegeleburg 1728, die große Boll 1662, der Rehberg 1793, der Almersberg 1760, der Teufelsberg 1826, Hoheberg 1703, Eschenkopf 1880, Schänzel 1906, Calmit 2048, Bloskülb 1763, Drachenfels 1753, Weinbiet 1803 pariser Fuß ꝛc.

Die relative Erhebung des Gebirges, von dessen Fuße im Rheinthal aus betrachtet, ist für die höchsten Bergaufsätze von 1800—2000 Fuß, welche dort am häufigsten vorkommen, 1400—1600 Fuß; für Berge und Bergrücken der zweiten Region von durchschnittlich 1300—1400 Fuß Erhebung, nur 1000—1100 Fuß.

Tiefer im Walde, wo die Thalsohlen höher liegen und die aufgesetzten Bergköpfe seltener vorkommen, die Höhe

---

*) Diese Ziffern weichen von den in der „Forstverwaltung Bayerns" angegebenen aus dem Grunde ab, weil die hier und dort für das Hardtgebirge mit dem Westrich angenommenen Grenzen nicht genau miteinander zusammenfallen.

von 1300—1400 Fuß am allgemeinsten vorherrscht, bleibt die relative Höhe gewöhnlich zwischen 630 und 720 Fuß.

Die Thäler sind gewöhnlich sehr enge, selten einige hundert Schritte breit; die Nebenthäler meist schluchtig, selten versandet. Fast in jedem Hauptthale rinnt ein frischer, wasserreicher Bach, genährt von vielen Quellen, die ihre Wasserfäden durch die Nebenthäler ziehen.

Von den sechs Haupt= und zahlreichen Seitenthälern ziehen noch sehr viele größere und kleinere Einschläge, Mulden und Dellen in die Berghänge hinein.

Die Gehänge der Berge sind im Allgemeinen steil, oft sehr steil; am höchsten und steilsten in der Regel gegen die Hauptthäler.

Die vorwaltenden Expositionen sind die west= und südwestlichen einerseits und die östlichen und nordöstlichen anderseits, ein Umstand, der durch den östlichen und westlichen Lauf der Hauptbäche gegen den Rhein und die Saar und den südlich und nördlich gerichteten Lauf der zahlreichen Nebenbäche bedingt ist.

Der Verkehr im Gebirge ist durch die in östlicher Richtung in das Rheinthal auslaufenden floßbaren Bäche, durch Landstraßen und Waldwege vermittelt und es erleichtert die Gebirgsbildung die Holzverbringung vorzugsweise nach jenen Gegenden, aus welchen die größte Nachfrage kömmt, b. h. in die Rheinebene und nach Kaiserslautern.

Das Klima des Pfälzerwaldes ist bis zur Höhe von 1400 Fuß mild oder wenigstens gemäßigt; höher hinauf wegen der Freilage der aufgesetzten Berge rauh.

In den Thälern, besonders in den engen Nebenthälern, werden die Fröste oft nachtheilig. Auch Spätfröste treten ziemlich häufig ein, selbst zur Blüthezeit der Eichen und Buchen.

Die Winterkälte ist sogar in den höheren Lagen nicht sehr strenge; der Schneefall in der Regel nicht bedeutend und auf eine Schlittenbahn selten zu zählen. Oft kömmt noch später Schneefall, im März und April, der durch Schneedruck leicht gefährlich wird, wie dieß namentlich im April 1837 der Fall war. Der eigentliche Winterschnee geht gewöhnlich mit Anfang März ab. Des Eisbruches vom November 1858 wird hier als eines ganz außerordentlichen Naturereignisses erwähnt (V. forstl. Mittheil. III. Bd. 2. Hft.).

Trockene und heiße Jahre sind nicht selten; heftige Regengüsse, besonders an den Vorbergen, häufig; Südwestwinde im Frühjahr und Herbste verursachen öfters Windfälle, seltener kommen diese bei Gewitterstürmen im Sommer vor.

Tiefer im Walde herrscht jene gemäßigte, frische, feuchte Temperatur, welche das Gedeihen der Waldungen so sichtlich befördert, während in den Vorderwaldungen — meist im Gemeinde = und Privatbesitz — wo ausgedehnte Gehänge und Rücken veröbet oder nur kümmerlich bestockt sind, die Luft trocken, schnellem Wechsel der Temperatur ausgesetzt und in steter Bewegung ist.

Der bunte Sandstein kömmt nur selten als grobes Conglomerat vor, gewöhnlich ist derselbe feinkörnig, der Farbe nach roth, auch weißlich und gelb.

Die höheren Bergspitzen und noch häufiger die untergeordneten Bergköpfe tragen Felsenkronen und Riffe; in vielen Theilen des Waldes gehen stehende Felsenwände zu Tag oder es sind dieselben nur mit einer dünnen Bodenschichte bedeckt. Einzelne Felsen, Gestein=Trümmer und Brocken finden sich allenthalben in den höheren Gehängen, besonders in südlichen Lagen, nach dem Fuße zu sind sie mehr vom Erdreiche überdeckt.

Der bunte Sandstein ist bei einem gewissen anhaltenden Feuchtigkeitsgrade der Verwitterung sehr unterworfen, verhärtet aber und widersteht dann derselben, wenn er dem Luftzug und der Sonne längere Zeit ausgesetzt ist. Seine mineralischen Bestandtheile sind verschieden nach dem Bindemittel; der rothe Sandstein ist mehr thonhaltig und liefert einen schwereren Boden, als der weißliche und gelbe; er ist bindender auf den ebenen Rücken und in den tieferen Lagen, als in den oberen flachgründigeren Theilen der Gehänge. Seine Fruchtbarkeit ist wesentlich durch den bindenden Bestandtheil, den Humusgehalt und seinen Feuchtigkeitsgrad bedingt. Ist dieser sandige Boden seiner schützenden Decke beraubt und den Witterungseinflüssen bloßgestellt, so trocknet er aus und seine Feuchtigkeit sinkt allmälich von Stufe zu Stufe herab. Daher die ungünstigen Verhältnisse der trockenen südlichen und westlichen Lagen und die Nothwendigkeit der Erhaltung der Laub-, Nadel- und Moosdecke.

Vorherrschende Waldunkräuter sind die gemeine Heide und das Heidelbeerkraut, weniger die Besenpfrieme. Sonst ist die Flora ziemlich arm, der Graswuchs in der Regel spärlicher, als der Forstmann es wünschen mag.

Frühere Bewirthschaftung. Bestandsformen.

In den Besitz der 241,946 Tagwerk Waldungen, welche als Staatseigenthum bezeichnet worden sind, theilten sich im vorigen Jahrhundert (bis 1793) siebzehn Fürsten und Herren, Klöster und andere Corporationen — und von den übrigen Waldungen befanden sich mehr als 40,000 Tagwerk in der gemeinschaftlichen Benützung zahlreicher Gemeinden, (Geraiden) die nunmehr unter sich abgetheilt haben. Die Besitzungen bildeten zwar zum Theil ansehnliche Complexe; viele derselben lagen jedoch als größere und kleinere Forsten und Parzellen untereinander. Der Besitz war daher nicht nur sehr getheilt, sondern mehrfach auch ohne größeren Zusammenhang, oft zerrissen. Von den verschiedenen

Eigenthümern schonten einige ihre Waldungen, während andere übertriebene Anforderungen an sie stellten. An die gemeinschaftliche Ausführung durchgreifender Wegbauten und Triftanstalten war, unter collidirenden Interessen der Fürsten und Herren, nicht zu denken, und der ungetheilte Besitz der Geraiden, sowie die regellose Benutzung derselben durch die einzelnen Genossen, stand dergleichen Unternehmungen ebenfalls entgegen.

Zunächst an den über die Bergrücken ziehenden fahrbaren Hochstraßen und in der Nähe der vorhandenen Triftbäche wurden die Waldbestände vorzugsweise und über Gebühr angegriffen, während die tiefer im Walde gelegenen, wegen Beschwerlichkeit und Kostspieligkeit der Bringung, stehen blieben, oder doch nur das werthvollere Eichenholz genutzt wurde. Selbst unter der französischen Verwaltung (von den 1790er Jahren bis 1814) geschah im Ganzen wenig für die bessere Aufschließung der Waldungen und es blieb der bayerischen Verwaltung vorbehalten, diese in der umfassenden, ineinandergreifenden Weise zu begründen, wie sie jetzt für den Land- und Wassertransport des Holzes besteht.

Unter diesen Umständen sieht man sich nach einem leitenden Willen, nach Plan und Vorschrift vergebens um, wenn man, nach der **früheren Bewirthschaftung** des Pfälzer-Waldes fragend, in die Vergangenheit etwas weiter zurückblickt. Jene Zustände und Verhältnisse drückten der Waldbenutzung ihren Charakter auf; ihnen und der Ergiebigkeit des Holzhandels waren die forstwirthschaftlichen Rücksichten meistens untergeordnet; der Waldstand wurde durch allzugroße und übereilte Abtriebsschläge in den 1790er Jahren, vielfältig auch durch ausgedehnte Kriegsverhaue und durch mehrmals wiederkehrende devastirende Frevelanfälle von Seite der Bevölkerung in jener ordnungslosen Zeit, mannigfach gefährdet.

Die Wahrscheinlichkeit spricht dafür, und urkundliche wie traditionelle Nachrichten bestätigen es, daß vor Jahrhunderten die Eiche und Buche die Hauptholzarten des Pfälzerwaldes gewesen seien und daß die Kiefer (obwohl schon in grauer Vorzeit im Reichswalde bei Kaiserslautern in Beständen vorhanden) erst später und in neuerer Zeit in ihrer dermaligen großen Verbreitung dahin gelangte.

So lange im Walde blos geplänkert wurde und dabei der Boden ungeschwächt blieb, konnte sie sich nur wenig ansiedeln und als herrschende Holzart nicht erhalten. Mit dem (vor etwa 100 Jahren erfolgten) Eintritte des schlagweisen Abtriebs aber verschwanden diese natürlichen Hindernisse um so mehr, als dieser Abtrieb anfänglich nicht mit dunkler Stellung stattfand, sondern mit Ausnahme einer gewissen Anzahl von Ueberhältern, mehr kahl geführt wurde. Ueberhaupt nimmt die Kiefern-Bewaldung in demselben Maße zu, als die Waldtheile bereits lange Zeit hindurch einer starken Ausnutzung an Holz und Streu unterlagen. Am allgemeinsten hat sie sich über die **südlichen und westlichen Gehänge** als herrschende Holzart verbreitet oder ist seit länger als einem halben Jahrhundert an die Stelle herabgekommener Laubholzbestockung auf ausgedehnten Flächen künstlich eingebracht worden, während die entgegengesetzten Expositionen gewöhnlich noch mit gutwüchsigen Eichen- und Buchenbeständen bedeckt sind: eine Eigenthümlichkeit des Pfälzerwaldes, welche am stärksten ins Auge fällt, wenn man von irgend einem Höhenpunkte im Innern aus, einen größeren Theil desselben überblickt. In mancherlei Abstufungen des Mischungsverhältnisses bilden sich Uebergänge, oft erscheint aber auch das Laub- und Nadelholz nach den Expositionen scharf von einander abgeschieden.

Von dem Zeitpunkte an, wo der Angriff vom Plänterhiebe zum schlagweisen Abtrieb überging, schreibt sich auch das Uebergewicht her, welches die Buche in ihrer Verbreitung vor der Eiche erlangt hat. War auch dieser Abtrieb, wie gesagt, anfangs mehr ein kahler, mit Oberständern nach der französischen Ordonnanz von 1669, deren Bestimmungen theilweise schon in der zweiten Hälfte des vorigen Jahrhunderts vor der französischen Verwaltung freiwillige Anwendung gefunden hatten, so beruhte damals die Verjüngung der Bestände doch so ziemlich auf dem in denselben schon vorhandenen Nachwuchse oder auf zufällig gleichzeitig mit den Hieben eintretenden Samenjahren. Das öftere Wiederkehren und die Reichlichkeit der Buchen-Samenjahre gereichte dieser Holzart zum Vortheil und ein noch entschiedeneres Uebergewicht verschaffte ihr später die Einführung der Dunkelschlagstellung, ohne die dabei erforderliche Rücksicht auf Eichennachzucht. Daher der auffallende Mangel an jüngern Eichen von 60 bis 120 Jahren im Pfälzerwald.

Ergiebige, obwohl absichtslose Eichen-Verjüngungen unter 60 Jahren, in sonst mangelhafter Bestockung, sind den französischen Hiebsführungen zuzuschreiben; es fanden aber auch in jener Zeit, mehr noch in neuerer, ausgedehnte künstliche Aufforstungen mit dieser Holzart statt, wozu insbesondere die Mastjahre von 1811 und 1822 benutzt worden sind.

Je mehr die Laubholz-Verjüngungen der neueren Zeit angehören und die Ueberhälter aus französischer Zeit noch rechtzeitig ausgemerzt werden konnten, desto gleichalteriger und vollkommener sind sie bestockt.

Ueberhaupt hat die bayerische Verwaltung, seitdem sie den Pfälzerwald übernommen, für dessen Verbesserung sehr viel gethan. Die nöthigen Korrectionshiebe wurden geführt und mit Kultur nachgeholfen; für die Kieferwaldungen wurde der Grundsatz alsbaldiger Wiederbestellung aus der Hand, ohne auf Samenjahre lange zu warten, angenommen und zu dem Ende für die Gewinnung großer Samenvorräthe in eigenen Anstalten gesorgt; Durchforstungen und Reinigungen breiteten sich mehr aus; die Nutzung alter Eichen im Wege der Auszugshauung und das Ueberhalten und Unterstellen gutwüchsiger noch ausdauerungsfähiger Eichen mittleren Alters wurden gefördert; sowie man im Allgemeinen bedacht war, die schlechteren Bestände zuerst zum Angriffe zu bringen, die besseren weiter hinauszuschieben und so den Zuwachs zu mehren.

Die Triftanstalten wurden nicht allein wesentlich verbessert, sondern auch ansehnlich erweitert und auf die Anlage und Unterhaltung der Holzabfuhrwege und Waldstraßen, sowie auf das ganze Kulturgeschäft entsprechende Summen verwendet.

Aus den erwähnten Zuständen und Ereignissen sind folgende Hauptbestandsformen in die gegenwärtige Zeit herübergekommen:

Eichen.

1. Haubare und überhaubare Eichenbestände, verlichtet, zum Theil anbrüchig, zum längeren Ueberhalten nicht mehr geeignet, jedoch noch fähig zur Samenerzeugung und der Boden ganz oder theilweise zur Wiederbestellung mit Eichen tauglich; zum Theil haben sich ältere und jüngere Buchen unter denselben angesiedelt. Diese (sowie die ähnlichen alten Buchen-) Bestände sind meistens Ueberbleibsel der früheren Plänterwirthschaft.

2. Haubare und überhaubare Eichen, jedoch auch von jüngerem Alter, besonders in südlichen und westlichen Lagen, verlichtet und schlechtwüchsig, der Boden gewöhnlich mit Heide oder Beerkräutern überzogen und zur Wiederbestockung mit Laubholz gar nicht mehr oder nur stellenweise geeignet. In den bessern derartigen Beständen mittlern Alters finden sich gleichwohl noch viele gesunde, zum Ueberhalten taugliche Stämme. — Diese Bestandsform, welche in nicht langer Zeit aus dem Pfälzerwalde ver-

schwunden sein wird, hat, wie schon erwähnt, am meisten zur Verbreitung der Kiefern beigetragen. Von dieser und der 6ten Bestandsform (Buchen) sind dermalen noch 14,127 Tagwerke vorhanden.

3. Gutwüchsige, mitteljährige Eichen, theils mit alten Eichen, theils mit älteren Buchen und dergleichen Stangen- und Gertenholz durchstellt. An solchen 120—170jährigen, zum Ueberhalten in den folgenden Umtrieb geeigneten Eichen, besitzt der Pfälzerwald einen wahren Schatz. Sie mögen aus der letzten Epoche der Plänterzeit herstammen, aus einem Zustande der Bewaldung, wo durch übertriebene Nutzung vielfache und große Lücken in dieselbe gehauen wurden, auf denen sich Eichen-Kernwuchs angesiedelt hat.

4. Eichen-Jungwüchse bis zu 60 Jahren, theils in dichter, reiner Bestockung, nur mit Birken und Aspen einzeln durchstellt, theils mehr oder weniger mit Eichen- und Buchen-Stockausschlag, Hainbuchen, Kiefern und Weichholz gemengt, oft nur horstweise vorkommend.

Die Buche findet sich in folgenden Bestandsformen:

5. Alte, überständige, rückgängige Bestände, Reste der Plänterwirthschaft, jedoch zur Samenerzeugung noch vollkommen tauglich, mit alten Eichen durchstellt; der Boden für die Nachzucht des Laubholzes noch geeignet und auf Blößen öfters schon mit Vorwuchs versehen. Zum Theil sind solche alte Buchen und Eichen mit angehend haubaren Buchen unterstellt.

6. Alte und auch jüngere Buchen, gewöhnlich mit dergleichen Eichen gemischt, öfters mit Kiefern untermengt; Bestands- und Bodenbeschaffenheit wie bei der 2ten Bestandsform der Eichen, daher ebenfalls die Umwandlung in Nadelholz (Kiefern) angezeigt.

7. Haubare und angehend haubare Buchen im bessern Zustande, theils rein, theils mit Eichen verschiedenen Alters

und mit Kiefern gemischt, schon größtentheils, mittels der schlagweisen Verjüngung hervorgegangen.

8. Buchen-Mittel-, Stangen- und Gertenhölzer, theils rein, theils mit Eichen, Birken, Aspen, Sahlweiden, auch Stockausschlägen und Kiefern verschiedentlich gemengt, zum Theil mit alten Eichen und übergehaltenen Buchen durchstellt; mehr oder minder vollkommen bestockt und wüchsig.

9. Kiefern.

Die ältern Kiefernbestände sind entweder rein, dann mehr oder minder gelichtet oder mit alten Eichen und Kiefern, auch gleichalterigen Eichen und Buchen, zum Theil auch mit Eichen und Buchen-Stockausschlägen gemischt.

10. Manche Kiefernbestände auf besonders kräftigem Boden unterliegen der Rothfäule und frühzeitiger Lichtung und sind mit gutwüchsigem jungem Eichen- und Buchen-Nachwuchs unterwachsen.

Der Kiefern-Nachwuchs ist gleichfalls häufig gemischt mit mehr oder weniger wüchsigem Eichen-Kernwuchs mit Stockausschlägen verschiedener Holzarten, auch mit Fichten oder Birken und Aspen. In den Gemeindewaldungen am Vorgebirge verbreiten sich die Kiefern-Krüppelbestände, das Ende der Pfälzerwaldvegetation.

Die Birken, Aspen und Hainbuchen treten bloß als untergeordnete, obwohl öfters stark beigemischte Holzarten auf.

Die Fichte und Lärche verdanken ihr Vorkommen dem vor etwa 100 Jahren hie und da stattgehabten Anbau und der Kultur neuerer Zeit.

Die Weißtanne ist bloß im Reviere Birkenhördt, Forstamts-Dahn, zu Hause, theils in gedeihlichem Wuchse, rein oder mit Eichen und Buchen gemengt, großentheils aber auch im herabgekommenen Zustande und mit Kiefern gemischt.

Die zahme Kastanie, schon seit den ältesten Zeiten am östlichen Fuße des Hardtgebirges, am Saume des Pfälzerwaldes heimisch, reicht von der Gränze des Weinbaues noch mehrere hundert Fuß an den Gehängen hinauf und bringt auf ½ bis 1 Stunde in die Thäler ein.

In früheren Zeiten waren die Kastanienhaine in dem Wald=Vorsaum weit beträchtlicher als dermalen. In einzelnen Stämmen, Gruppen und Horsten findet man übrigens diese Baumart längs des ganzen Gebirges bis dahin, wo der Kalk auftritt, und es wird in neuerer Zeit auf deren Wiedernachzucht viel Sorgfalt mit gutem Erfolg verwendet.

Die Eichen der dominirenden Stammklassen erreichen auf entsprechendem Boden in 130—140 Jahren eine Länge von 80—100 Fuß und einen Durchmesser auf Brusthöhe von 14—16 Zoll; im doppelten Alter eine Stärke von 30—36 Zoll; viel länger als 300 Jahre bleibt die Eiche im Allgemeinen nicht gesund.

Die Buchen erwachsen unter obigen Voraussetzungen mit 130 bis 140 Jahren zu 75 bis 90 Fuß Länge und 16 bis 20 Zoll Durchmesser.

Die Kiefern erreichen mit dem 120. bis 130. Jahre einen Durchmesser von 14 bis 18 Zoll. Sie vermögen in einzelnen Ueberhältern die doppelte Umtriebszeit wohl auszudauern, nicht so gut die Buchen.

Von den charakterisirten Hauptbestandsformen kommen, wie sich dieses aus der großen Verschiedenheit der Lage, des Bodens und aus der Unregelmäßigkeit der früheren Behandlung leicht erklären läßt, oft mehrere in einer und derselben Bestandsabtheilung vor, sich horstweise mischend oder in der verschiedensten Art in einander übergehend.

Von der Gesammtfläche des Pfälzerwaldes, zu 458,032 Tagwerken sind 445,696 Tagwerke bestockt und 12,336 Tagwerke theils unbestockt, theils improductiv.

Die Waldungen bestehen
auf 148,081 Tagwerken aus reinem Laubholz,
„ 49,376 „ vorherrschend aus Laubholz,
„ 135,060 „ aus reinem Nadelholz,
„ 53,359 „ vorherrschend aus Nadelholz,
„ 34,572 „ aus Laub= und Nadelholz in gleicher Mischung,
„ 25,248 „ aus Nieder= oder Mittelwald.

445,696

Von der bestockten Fläche der Staatswaldungen werden

46,72 Prozent im 144jährigen,
45,88 „ „ 120 „
5,41 „ „ 96 „
0,65 „ „ 60—80jährigen,
1,34 „ als Niederwald im 18= und 24=jährigen Umtriebe behandelt.

Hiebei hat sich das Altersklassen=Verhältniß dermalen folgendermaßen gestaltet:

a) beim Hochwald.

I. haubare Klasse . . . . 26 Prozent } 45 %
II. angehend haubare Klasse 19 „
III. Mittelholz . . . . . 24 „ } 55 %
IV. Jungholz . . . . . . 31 „

b) beim Niederwald.

I. Klasse . . . . 52,79 }
II. „ . . . . 22,88 } 75,67 %
III. „ . . . . 0,51 }
IV. „ . . . . 23,82 } 24,33 %

In den Gemeinde= und Privatwaldungen herrschen die Junghölzer weit mehr vor.

Wirthschaftsregeln.

I.

Hauptrichtung der künftigen Wirthschaft.

Unter den Bedarfsverhältnissen, wie sie in der Pfalz bestehen und bei der steigenden Bevölkerung, dem Aufschwunge der Industrie und dem erleichterten Verkehr immer stärker hervortreten, ist der Forstwirthschaft die Aufgabe gestellt, **neben gutem Brennholz möglichst viel Bau-, Nutz- und Werkholz in den gesuchtesten und werthvollsten Sortimenten zu erziehen**; insbesondere aber wegen des starken Verbrauches von Wingerts- und Faßholz, Bahnschwellen ꝛc. ꝛc., **der Erziehung von Eichen-Nutzhölzern besondere Sorgfalt zuzuwenden**.

Es liegt aber auch schon in den natürlichen Verhältnissen des Pfälzerwaldes und in den für den Betrieb desselben angenommenen Grundsätzen, daß den beiden edleren Laubholzarten, der **Eiche und Buche**, der bessere Theil des Waldbodens überlassen und daß, wo dergleichen Boden in größerer oder geringerer Verbreitung unter schlechterem Gelände vorkömmt, derselbe diesen Holzarten, wenn auch nur platzweise, in Untermischung mit Kiefern ꝛc. wieder eingeräumt werde.

Diesem Grundsatze gemäß soll überall da, wo ein Erfolg sicher zu erwarten steht, auf eine horstweise **gemischte**

Bestockung von Eichen und Buchen, sowohl im Wege der natürlichen Verjüngung, wie der künstlichen Einsaat und Pflanzung hingewirkt, überhaupt die Laubholz- und insbesondere die Eichenholz-Nachzucht durchgreifend begünstigt werden, zumal die Kiefernbestände den wünschenswerthen Antheil an der Waldfläche ohnehin einnehmen, wo nicht übersteigen werden.

Unter den Nadelhölzern eignet sich die Kiefer (auch die Lärche in untergeordnetem Maße) am Besten zur Einmischung im Laubholze, welches sie am wenigsten verdrängt, während sie selbst dort zu werthvollen Stämmen heranwächst und in Ermangelung der Eiche, bezüglich der technischen Brauchbarkeit deren Stelle vertritt.

Obschon daher den Kiefernbeständen die geringern Bodenqualitäten und die ungünstigern Lagen zugedacht sind, so ist eine mäßige Untermischung dieser Holzart in die Laubholzbestände keineswegs ausgeschlossen, vielmehr soll eine solche, woferne sie auf natürlichem Wege nicht erfolgt, durch mäßige Sameneinsprengung, namentlich auf trocknem, magern mit Heide bewachsenen Boden, nach der Schlagräumung herbeigeführt und so geleitet werden, daß sich im Haubarkeitsalter eine angemessene Anzahl Kiefern, einzeln wie in kleinen Horsten, in den Laubholzbeständen vorfinde.

Der Umstand, daß reine Eichenbestände sich im höhern Alter stark lichten, nicht mehr reichlich produziren und die Güte des Bodens sinken lassen, daß dagegen die neben Buchen vorkommenden Eichen vorzüglich gut gedeihen und hier ihre größte Vollkommenheit erreichen, bedingt eine entsprechende Mischung beider Holzarten und zwar einerseits mittelst rechtzeitiger, hauptsächlich horstweiser Einbringung von Eichen in Buchen-Verjüngungen, wobei man die Eichen das doppelte, ausnahmsweise auch das dreifache Alter der Buchen erreichen läßt; anderseits durch Ueberhalten gutwüchsiger ausdauerungsfähiger Eichen beim Abtrieb der

Buchen, in beschränktem Maße auch zwischen Kiefern, endlich noch durch Nachzucht der Buchen unter ältern ausbauerungsfähigen und zum längern Ueberhalten bestimmten Eichenpartien, nach vorhergegangener entsprechender Lichtung und Wegnahme der unterdrückten schlechtwüchsigen Stämme. Da erfahrungsgemäß einzeln überhaltene Eichen in den Buchen-Verjüngungen sehr häufig gipfeldürr werden, oder auch ganz absterben, so soll dieses Ueberhalten gutwüchsiger gesunder Eichen in den nächsten Umtrieb der Buchen, in erforderlichem Maße, hauptsächlich in Gruppen, ganzen Horsten und größeren Partien, ohne Rücksicht auf gleichmäßige Vertheilung stattfinden. Außer den Eichen-Ueberhältern werden in Laubholz-Verjüngungen auch schlankwüchsige, mit vollen abgerundeten Kronen versehene Kiefern in bemessener Anzahl, von 5 bis 10 Stämmen per Tagwerk, und in reinen Buchenpartien dergleichen Buchen, diese jedoch auch nur in einzelnen wenigen Horsten oder zwischen den gleichalterigen Eichen oder Kiefern mit Vortheil übergehalten.

So wie die Erziehung von gemischten Eichen- und Buchenbeständen bei einer mäßigen Beimengung von Kiefern auf den bessern Bodentheilen zum Wirthschaftsprinzip erhoben ist, soll umgekehrt wegen der Vortheilhaftigkeit in mehrfacher Beziehung auf den für Kiefern bestimmten Flächen mit schlechterem Boden die in vielen Kiefernbeständen dermalen bestehende **Laubholzeinmischung** (wenn auch nur als Bodenbeschirmung) beibehalten oder dahin gewirkt werden, eine solche künstlich hervorzurufen, insofern der Boden gut genug dazu ist.

In feuchten kalten, jedoch den Spätfrösten nicht allzusehr ausgesetzten, Thälern, am Fuße der Gehänge, auf Ost- und Nordseiten, wo das Laubholz zur Zeit noch den Bestand bildet, der Boden etwas bindend, aber schon mit Beerkräutern überzogen ist, wird der Anbau der Fichte, welche, in

Laubholz eingemischt, dieses, insbesondere aber die Eiche, allmälig ganz verdrängen würde, geeignet zu berücksichtigen sein. Immerhin erscheint indessen auf entsprechenden Lagen eine Mischung der Fichte mit der Kiefer wünschenswerth. Diese wird am zweckmäßigsten in abwechselnden Reihen, und zwar die Fichte mittelst Pflanzung und die Kiefer durch Kiefernsaat bewirkt.

Die **Lärche** eignet sich theils zur mäßigen Einsprengung in Kiefernkulturen, theils zur Auspflanzung kleinerer Lücken auf Höhen und trocknen Hängen in den Laubholz-Verjüngungen, welche sie am wenigsten bedrängt. In letztern sollen auch **Weißtannen**, **Eschen**, **Ulmen**, **Ahorn** in den ihnen zusagenden Oertlichkeiten nicht ausgeschlossen bleiben.

In vielen Fällen werden sich noch **Hainbuchen**, **Birken** und **Weichhölzer** den jungen Beständen auf natürlichem Wege beigesellen. Die künftigen Waldbestände werden demnach in der Hauptsache, wie bisher, den **Charakter der Mischung** und zwar je nach Lage und Bodenbeschaffenheit in den mannigfachsten Abstufungen zu erhalten haben und sonach in Bezug auf pfleglichen Betrieb öfters eine verschiedene Behandlungsweise erfordern, um sie in jeder Beziehung in der möglichsten Vollkommenheit auszubilden.

Wie die Fälle indessen gegeben sein mögen, so soll die Wirthschaft in der Richtung bethätigt werden, daß man mit den vorhandenen Beständen möglichst ökonomisch verfahre, alle zuwachsfähigen Bestandstheile, die in den verschiedenen Formen vorkommen, der gedeihlichsten Entwickelung zuführe, die wüchsigen Bestände und Baumklassen möglichst lange überhalte, den Abgabesatz immer nur mit den unwüchsigen oder vollkommen haubaren Theilen der Waldbestandsmasse erfülle, der Stockholz-Nutzung, zur besseren Befriedigung der Brennholz-Bedürfnisse, Förderung der Kulturen und zur Beschäftigung verdienstloser Arbeiter, die größtmögliche Ausdehnung verschaffe, auf das richtige Mischungsverhältniß und den Nachhalt der drei Hauptholzarten und ihrer Sortimente sowohl innerhalb der nächsten Zeit, als des ganzen Umtriebs bedacht sei und sich dabei der verschiedenen Hiebsarten und Manipulationen zweckmäßig und mit der erforderlichen Umsicht bediene.

II.

Hiebsarten und deren Ausführung.

Im Allgemeinen.

Die Waldbestände werden, wie bekannt, je nach ihrem Alter, Zustande und den wirthschaftlichen Verhältnissen, worin dieselben eben stehen, mit Reinigungs-, Läuterungs-, Durchforstungs- und Vorbereitungshieben, dann mit den eigentlichen Angriffs- oder Abtriebshieben zur Nutzung gezogen.

Unter diesen Hiebsarten besteht in der Regel eine natürliche, den Grundsätzen der forstwirthschaftlichen Oekonomie zusagende Ordnungsfolge. Denn es soll zuerst genutzt werden, was absolut nicht mehr zuwachsen kann, sondern verderben würde (Dürrhölzer, Schnee- und Windbruchhölzer) und zwar mittelst der Reinigungshiebe. Diesem folgt, was veraltet, anbrüchig oder abgängig ist, am Verderben steht und den Raum für den Hauptbestand beschränkt, durch die **Auszugshiebe**; dann dasjenige, was durch sein längeres Verbleiben im Bestande nachtheilig zu werden beginnt und zwar vermittelst der Läuterungshiebe; ferner dasjenige, was nicht mehr ergiebig zuwächst, dessen Vorhandensein den Hauptbestand belästigt und dessen Herausnahme die Entwickelung des letzteren auf das Entschiedenste befördert, mittelst der **Durchforstungs-** und **Vorbereitungshiebe** und zuletzt erst die eigentliche Hauptholzernte durch den Abtrieb des Hauptbestandes — den **Angriffs-** oder **Verjüngungshieb**, resp. die **Nachhauungen**. Wenn die Bevorzugungsfrage bei Hieben einer und derselben Art hervortritt, und keine andere wirthschaftliche Motive entgegenstehn, so entscheidet natürlich der zu erwartende größere oder kleinere ökonomische und forstwirthschaftliche Vortheil, z. B. Auszugshauungen und Durchforstungen in wüchsigen Beständen gehen jenen in unwüchsigen vor; die Nachhauung veralteter abgängiger Stämme, jenen von entgegengesetzten Eigenschaften; der Abtrieb verlichteter, anbrüchiger Bestände auf gutem Boden, jenem solcher Waldörte mit schlechtem Boden, welche verjüngt weit weniger produziren, gewöhnlich aber mehr Kulturaufwand in Anspruch nehmen und bei längerer Zurückstellung, — das Aufhören der Streunutzung vorausgesetzt — durch Kräftigung des Bodens gewinnen.

Bei Anwendung dieser Hiebsarten, welche, wo immer möglich, auf ganze Abtheilungen auszudehnen und ohne Ursache nicht zu sehr zu zersplittern sind, ohne indessen, bezüglich auf Angriffshiebe, eine entsprechende Abwechselung zur Vermeidung allzugroßer Hiebsflächen aus den Augen zu verlieren, werden im Hinblick auf die verschiedenen Bestandsformen folgende Regeln beachtet.

Auszugshauungen.

Auszugshauungen kommen in den Beständen der jüngsten Klasse, wo dieselben mit den Nachhauungen gleichbedeutend sind, dann in den dem nächsten Zeitabschnitte zugetheilten, wo sie mit den Angriffshieben zusammenfallen, gar nicht, und in den übrigen Bestandsklassen nur an solchen Stämmen vor, welche den Hauptbestand beeinträchtigen, schlechtwüchsig oder anbrüchig sind, oder in Gefahr stehen, es vor dem Angriffshiebe zu werden. Vorzugsweise sind auf diesem Wege noch viele werthvolle Eichen, welche ursprünglich zum längern Ueberhalten bestimmt waren, im Laufe der Zeit jedoch rückgängig werden und mehr und mehr an ihrem Werthe verlieren, mit Rücksicht auf die Absatzverhältnisse zur möglichst baldigen Nutzung zu ziehen.

Veraltete Buchen unter gutwüchsigen, zum Ueberhalten geeigneten Eichen dürfen übrigens nicht früher herausgehauen werden, bis möglicherweise Buchenaufschlag unter den Eichen gewonnen ist (Form. 3).

Wo die Anzahl der auszugsweise zu fällenden Stämme sehr groß ist, wo durch deren Herausnahme Lücken oder starke Beschädigungen in den Beständen zu befürchten ständen, wird der Hieb jedenfalls nicht auf einmal, sondern allmälig durchzuführen, vorerst aber auf die schlechtesten Stämme zu beschränken, nach Umständen ganz zu unterlassen sein, besonders wenn der Angriff in nicht zu weite Ferne gerückt ist.

Kommen Auszugs- und Durchforstungshiebe in einer und derselben Abtheilung vor, so sind letztere erst dann zu bewerkstelligen, wenn die ersteren vollzogen sind und deren Rückwirkung auf den Zustand des Bestandes erkannt und gehörig beurtheilt und beachtet zu werden vermag.

Vorsichtige Ausführung der Auszugshiebe und Entästung der zu fällenden Stämme, wo es erforderlich ist, wird in allen Fällen vorausgesetzt.

Läuterungs- (Ausjätungs-) Hiebe.

Die Läuterungshiebe, in der Hauptsache eine Maßregel der Bestandspflege, haben den Zweck, den zu erziehenden Bestand, oder die zu begünstigenden Holzarten, zum bessern Gedeihen, schon von Jugend auf (in den Verjüngungen und Gertenhölzern) bis zum Eintritt der eigentlichen Durchforstungen zunächst von einzelnen überschirmenden sperrigen Vorwüchsen und Stockausschlägen (Wölfen) zu reinigen und später auch von dem schädlichen Uebermaße beigemengter untergeordneter Holzarten, unter Anwendung der nöthigen Vorsicht, insbesondere gehöriger Berücksichtigung der Witterungseinflüsse und mit sorgfältiger Vermeidung von Lücken, allmälig zu befreien.

Dies geschieht theils durch Ausschneiden, Entästen oder Entgipfeln, theils auch mittels totaler Herausnahme alles dessen, was für den Hauptbestand offenbar als nachtheilig erscheint, wobei übrigens auf Herstellung einer angemessenen Mischung besonderer Bedacht zu nehmen und der augenblickliche ökonomische Vortheil dem wirthschaftlichen Zwecke stets unterzuordnen ist.

Zunächst erfolgt die Reinigung der Laubholz-Verjüngungen von allem verdämmenden Gehölze. Wo junge Eichen in den Schlägen vom Ueberwachsen des sie umgebenden Buchenaufschlages bedroht werden, ist letzterer so lange zurückzuschneiden, bis die Eichen die Oberhand gewonnen haben. Unter den in den Kiefern-Verjüngungen auf besserem Boden sehr häufig vorkommenden Stockausschlägen beeinträchtigen die von Eichen, Hainbuchen und Weichhölzern wegen ihres sperrigen Wuchses ihre Umgebung am meisten; sie sind so oft als nöthig herauszuhauen, wogegen jene der Rothbuchen als eine gewünschte Untermischung geschont werden sollen.

Wenn sich in den jungen Beständen Laubholz erhalten

und so entwickelt hat, daß vorherrschend mit Laubholz bestellte Bestände hieraus erzogen werden können, wird durch entsprechende Läuterung dieses zu begünstigen sein.

In den mit Kiefern überstellten, in größerer oder geringerer Anzahl vorkommenden, Eichenpartien, ist der Boden jedoch öfters für die Eiche nicht kräftig genug; hier muß der Kiefernbestand in der Hauptsache beibehalten und die Nachhilfe der Eichen höchstens auf die kräftigsten Individuen in einzelnen Horsten beschränkt bleiben.

Ueberhaupt ist bei den Ausjätungen von Kiefern aus Laubholzhorsten aufs Vorsichtigste zu Werke zu gehen und in schon mehr entwickelten gemischten Beständen der Verbreitung der Rothbuche kein voraussichtlich zu werthvollerem Bau-, Nutz- und Werkholz sich ausbildendes Nadelholz zu opfern.

Nur das Uebermaß der verdämmend auf das Laubholz einwirkenden Kiefern ist hier zu beseitigen und es müßte als ein Mißgriff bezeichnet werden, wenn gutwüchsige Kiefern, welche, mit Laubholz unterstellt, gerade ihre größte Vollkommenheit und technische Brauchbarkeit erreichen, aus Eichen und Buchen herausgehauen werden wollten, welche durch längere Ueberschirmung schon stark gelitten haben, daß es zweifelhaft wäre, ob sie sich nach bewirkter Freistellung noch erholen werden oder nur aufrecht zu erhalten vermögen.

Je älter daher der Jungholzbestand und je gedrungener und schlanker er aufgewachsen ist, desto vorsichtiger und allmäliger werde die Läuterung bewerkstelligt, wobei es sich von selbst versteht, daß nicht alle Stämmchen der zu begünstigenden Holzart erhalten zu werden brauchen, sondern daß es genüge, eine, wenn auch vorerst mehr als hinreichende Anzahl der bestwüchsigen, durch Ausjätung so zu stellen, daß der Hauptbestand sich gedeihlich zu entwickeln vermag.

Das Weitere ist den Durchforstungen vorbehalten.

Durchforstungen.

Mittelst der Durchforstungshiebe wird jener Theil der Waldbestandsmasse, welcher gar nicht mehr, oder doch nur wenig zuwächst, aus den Beständen genommen, hieburch der Zuwachs und die Entwickelung des Hauptbestandes wesentlich gefördert; außerdem ein Einfluß auf das Mischungsverhältniß und insbesondere auch die Möglichkeit erlangt, jüngere Waldbestände schneller der Besamungsfähigkeit und Haubarkeit zuzuführen, wo solches erforderlich sein sollte.

In so weit sich die Durchforstungen auch auf Beseitigung des schädlichen Uebermaßes der in jüngern Laubholzbeständen vorhandenen Kiefern, Birken und Weichhölzern ꝛc. erstrecken, haben sie gleiche Bedeutung mit den Läuterungshieben.

Sie beginnen, sobald der herrschende Bestand hinlänglich erstarkt ist, und das hiebei gewonnene Material einen Gegenstand der Verwerthung bildet.

Je geschlossener und gleichalteriger die Bestände und je besser deren Zuwachsverhältnisse, desto früher können die Durchforstungen beginnen; in Nadelholzwaldungen und gemischten Beständen früher als in reinen Laubholzbeständen.

In den mit Leseholz-Berechtigungen belasteten Waldungen sind die Durchforstungen in den jüngeren Beständen zu unterlassen und auf die älteren Bestände zu beschränken, in welchen das zu gewinnende Material dem Leseholz nicht mehr zufällt und die Durchforstungen alsbald in Vorbereitungen übergehen.

Die Durchforstungen sind, zumal in jüngeren Beständen, welche vorerst nur von dem äußersten Uebermaße der Bestockung befreit und von ganz schwachem ungebogenem Gestänge gereinigt werden dürfen, nur mäßig zu greifen, dagegen in kürzeren Zwischenräumen, so oft sich ein Nebenbestand gebildet hat, zu wiederholen und mit steter Beibehaltung des Schlusses so zu leiten, wie es die Verhältnisse zur Erzielung einer entsprechenden Mischung der Holzarten und Beförderung des Wachsthumes wünschenswerth erscheinen laffen.

Starke Durchforstungen in größeren Zeitabständen find verwerflich. Hiedurch möchte auch der beabsichtigte Zweck der größeren Materialgewinnung nicht einmal erreicht werden, indem durch übermäßige Durchforstungen der Zeitpunkt ihrer Wiederholung weiter hinausgerückt und der erstmalige größere Materialanfall wieder ausgeglichen wird.

In den angehend haubaren Beständen ist es indessen von besonderer Wichtigkeit, die Vortheile eines vermehrten Zuwachses und der möglichst gedeihlichen Entwickelung des Hauptbestandes zu gewinnen, und wird sich daher die Durchforstung nicht blos auf die absolut unterdrückten, gegen die dominirende Bestandsklasse im Längenwuchs zurückgebliebenen Stämme zu beschränken, sondern auch auf diejenigen zu erstrecken haben, welche, wenn auch von gleicher Länge, doch nur schwache Kronen und eine geringe Stammstärke besitzen, daher voraussichtlich in Bälde dem Nebenbestande verfallen würden.

In den mit Eichen gemischten Beständen sind die Durchforstungen vorzugsweise auf Begünstigung der vorhandenen gutwüchsigen Eichen zu richten.

Wo Kiefernbestände vereinzelt mit Buchen oder Eichen untermischt sind, ist die Durchforstung, ohne Rücksicht auf das beigemengte Laubholz, in der Hauptsache auf die Kiefern zu beschränken und in der Art zu führen, daß lediglich die unterdrückten und schlechtwüchsigen Kiefern zur Fällung gezogen, vom Laubholze jedoch immer nur die dürren und ganz abgängigen Stangen herausgehauen werden.

Das übrige Laubholz, sei es auch blos Gestrüppe, wie überhaupt alles, was den Boden vortheilhaft deckt, muß zur Frischerhaltung und Verbesserung desselben, bei den Durchforstungen sorgfältig geschont bleiben. Nur wo Eichen und Rothbuchen in größern Horsten kräftig sich entwickeln, sind solche frei zu stellen und von dem unterdrückten Gestänge zu befreien.

Der Durchforstung reiner Eichenbestände ist eine besondere Aufmerksamkeit zuzuwenden, damit die in der Regel gleichzeitig vorzunehmende Unterstellung mit Buchen, mittelst Saat oder Büschelpflanzung, nicht verzögert, vielmehr rechtzeitig zu Stande gebracht werde.

In unregelmäßigen, unvollkommenen und lückigen Beständen und in Oertlichkeiten, wo ungünstige Wachsthumsverhältnisse sich kund geben, oder der Bestand kümmerlich und ein Gedeihen der Rothbuche als Unterstand nicht zu erwarten ist, wäre der Hieb vorerst nur auf die Gewinnung des abständigen oder dem Abstehen nahen Gehölzes zu beschränken.

In bereits durchforsteten und mit gedeihendem Buchen-Unterwuchs versehenen Eichenstangenhölzern sind die Durchforstungen öfter zu wiederholen, aber immerhin nur auf den voraussichtlich zu schönen Stämmen sich nicht ausbildenden Nebenbestand zu beschränken.

Wenn in einer und derselben Abtheilung zugleich eine Auszugshauung vorkömmt, geht diese voraus und muß die spätere Durchforstung hiernach bemessen werden. (Vergl. Auszugshauungen.)

Vorbereitungshiebe.

Wenn die Durchforstungen nach den gegebenen Regeln vollzogen und die Bestände ihrer Verjüngung näher gerückt sind, haben die Vorbereitungshiebe 6—10 Jahre vor dem wirklichen Angriff oder Besamungshiebe in der Art zu erfolgen, daß sie etwas stärker, als die gewöhnlichen Durchforstungen, gegriffen werden, indem sie, außer der Beseitigung des Nebenbestandes, auch noch auf einen Theil des Hauptbestandes, namentlich da sich auszudehnen haben, wo dieser in so dichter Stellung sich befindet, daß seine vollständige Entwickelung und Kronen-Ausbildung gehindert wäre.

Auf diese Weise wird mit Vermeidung einer den Zuwachs vermindernden Unterbrechung des Schlusses, eine lichtere, regelmäßigere Stellung für den demnächstigen Besamungshieb vorbereitet, welche den Zweck hat, eines Theils die Samenerzeugung zu fördern, andern Theils aber auch (namentlich in geschlossenen Buchenbeständen mit dichter Laub= und Moderschichte) den Boden in seiner obern Humusschichte durch den Zutritt der Atmosphärilien allmälig in fruchtbare Erde zu zersetzen, in welcher zunächst ein ganz leichter Graswuchs sich erzeugt und das Gedeihen der natürlichen Besamung, ohne künstliches Aufhacken des Bodens gesichert wird. Der Vorbereitungshieb hat daher die Verjüngung anzubahnen und ist auf alle in den periodischen Wirthschaftsplan zum Angriff aufgenommene Bestände auszudehnen. Je jünger die Bestände zum Angriff gelangen, und je geschlossener sie sind, desto früher dem eigentlichen Angriffe vorausgehend, müssen dieselben mit dem Vorbereitungshiebe belegt werden.

Wo junger Buchen= oder Tannen=Aufschlag bereits vorhanden und dieser noch nicht verdämmt und krüppelhaft ist, soll derselbe für die spätere Verjüngung erhalten und bei dem Vorbereitungshiebe horstweise freigestellt, oder doch durch eine allmälige, lichtere Stellung bis zum eigentlichen Angriffe in seiner kräftigen Entwickelung gefördert werden; verkümmerter, zum Ueberhalten nicht geeigneter Vorwuchs oder Stockausschlag ist aber in der Regel zu beseitigen.

Auch werden Vorsaaten mit Tannensamen in schmalen Rillen auf hiezu geeigneten und im Kulturplane etwa vorgesehenen Stellen in den zum baldigen Angriffe bestimmten

Beständen schon bei den Vorbereitungshieben mit Vortheil eingebracht. Eicheleinstufungen können nach Ausführung der Vorbereitungshiebe nur auf den über ein Tagwerk enthaltenden Blößen mit kräftigem Boden, auf welchen sich bereits eine lichte Grasnarbe gebildet hat, vorgenommen werden.

Angriffshiebe.

a) Zweck.

Der Angriffshieb hat die durch den Vorbereitungshieb bereits angebahnte Verjüngung zum Zweck und bringt den Hauptbestand theils allmälig, theils durch kahlen Abtrieb zur Nutzung, je nachdem entweder die Nachzucht von Laubholz mittels natürlicher Besamung, oder die Erziehung eines Kiefernbestandes durch künstlichen Anbau bewerkstelligt werden soll.

Mit dieser Hiebsweise ist jedoch, insbesondere bezüglich der Laubholzbestände, die Aufgabe verknüpft, an den überhaltenen Stämmen, ohne erhebliche Benachtheiligung des gleichzeitig zu erzeugenden Nachwuchses, noch **möglichst lange Zuwachs** zu gewinnen; außerdem aber in manchen Fällen die Wiederbestellung mit natürlichen oder künstlichen Mitteln zu Gunsten von Holzarten zu lenken, welche bisher gar nicht, oder doch nur in unzureichender Verbreitung in den zu verjüngenden Beständen vorhanden waren.

b) Hiebsrichtung.

In dem sehr zerrissenen Gebirge des Pfälzerwaldes hat die Richtung der Hiebe so zu geschehen, daß die in Angriff genommenen Flächen gegen die einflußreichsten und nachtheiligsten Elementarbeschädigungen möglich geschützt bleiben.

Außerdem folgt dieselbe in der Regel jenen Rücksichten, welche bei der Ausbringung der Hölzer zu nehmen sind, so, daß die Abfuhr des Holzes wo möglich vom Licht- und Abtriebsschlag durch die Dunkelstellung ꝛc. erfolgt. Die Angriffshiebe, oder schmalen Absäumungen in den Kiefernbeständen und die Endhiebe in den auf den ganzen Bestand ausgedehnten Buchen-Besamungs- oder Lichtschlägen werden daher, insoferne Rücksichten auf Beschädigungen durch Windstürme und andere Elementareinflüsse nicht ein Anderes gebieten, in der Regel an den Höhen der Gehänge zu beginnen und am Fuße derselben zu beendigen sein.

c) Arten des Angriffs.

Bei der künftigen Verjüngung und Umgestaltung der Bestandsformen, wie sie oben geschildert sind, werden daher folgende wirthschaftliche Hauptoperationen in Anwendung zu kommen haben:

1. Laubholz- (Buchen- und Eichen-) Verjüngung (Form. 1, 5 und 7).
2. Anzucht von Kiefern nach Laubholz (Form. 2 u. 6).
3. Kiefern-Verjüngung (Form. 9).
4. Erziehung von Laubholz nach Kiefern (Form. 10).

1. Laubholz-Verjüngung.

Angriffshieb

Wo es sich um Erziehung von Laubholz auf natürlichem Wege handelt, sei es auf der ganzen Fläche, oder auf einzelnen Theilen derselben, soll sich, nach vorausgegangenem Vorbereitungshiebe, mit dem Angriff soviel wie möglich an die Mastjahre gehalten und dabei demselben eine solche Ausdehnung gegeben werden, als nothwendig erachtet wird, um mit dem Betriebe bis zum nächstfolgenden Samenjahre in keiner Weise gehemmt zu sein. Ausnahmsweise muß der Angriff auch außer einem Mastjahre, jedoch in sehr vorsichtiger Weise, erfolgen, wenn die Erfüllung des Abgabesatzes dazu nöthigt, oder wo der Bestandsschluß so stark ist, daß die Bodendecke noch nicht gehörig zersetzt, daher das Gedeihen der Besamung nicht zureichend gesichert ist.

Wünschenswerth erscheint es überdieß, daß dem der Laubholz-Verjüngung so förderlichen Schwein-Eintrieb, wenigstens in den demnächst zum Angriffe bestimmten Abtheilungen, mehrere Jahre voraus die größtmögliche Ausdehnung verschafft werde.

Um nun dem aufgestellten Grundsatze gemäß, eine angemessene Untermischung von Eichen und Buchen zu erzielen und der erstern den gewünschten Vorsprung vor der sie überwachsenden Buche in der Jugend zu sichern, werden in den zunächst zum Angriffe gelangenden Beständen beim Eintritt eines Eichelmastjahres die nächsten Umgebungen der zum längern Ueberhalten nicht mehr tauglichen Sameneichen so weit gelichtet, daß Aufschlag erfolgen kann, noch etwa vorkommende Vorwüchse und Stockausschläge, wo solche der Besamung hinderlich sind, entfernt und der Mastabfall an jenen Stellen, wo der Boden nicht vorher durch die Schweine gehörig aufgelockert wurde, oder noch keine lichte Grasnarbe sich gebildet hat, leicht untergehackt oder wie sonst untergebracht.

Gleichzeitig werden auch, so weit die vorhandenen Saateicheln reichen, diese in den reinen Buchenbeständen und dergleichen Partien auf passenden, vorzugsweise auf den schon lichter bestockten und nach Erforderniß noch mehr auszuhauenden Stellen, in Horsten von 1 bis 3 Tagwerk und vertheilt über die ganze Angriffsfläche, dicht eingebracht; im Uebrigen aber wird dem Bestande die Stellung eines dunkeln Besamungsschlags gegeben.

Nach erfolgtem Eichen-Aufschlage wird demselben die zum Weitergedeihen erforderliche freie Stellung verschafft, während im Uebrigen der Bestand noch bis zu einem

Buchen=Mastjahre in der Stellung eines Dunkelschlags verbleibt. Tritt dieses später ein, so erfolgt der Buchenaufschlag an den ihm zugewiesenen Orten gewöhnlich von selbst und siedelt sich auch noch unter den übergehaltenen Eichen an, wenn einzelne Samenbuchen zwischen jenen Horsten vorhanden sind; wo dergleichen aber fehlen und keine Besamung erfolgt, wird durch Verbreitung und Unterbringung von Buchen zwischen den Eichenhorsten nachgeholfen.

Gleichzeitig ist der schon bei dem Vorbereitungshiebe geschonte gesunde und kräftige Vorwuchs, von welchem sich die Nachzucht gutwüchsiger, geschlossener Bestände mit Sicherheit erwarten läßt, zur Gewinnung von Zuwachs frei zu stellen, sohin der Liebhaberei für die Erziehung ganz gleichalteriger Bestände über große Flächen kein Opfer zu bringen.

Sollte hingegen umgekehrt ein Buchel=Mastjahr früher sich einstellen, so müssen die für die Eichenerziehung geeigneten Bestandstheile vorerst noch in ihrer dunkeln Stellung gehalten, bei erster Gelegenheit jedoch auf die eben angedeutete Weise ausgelichtet und reichlich mit Eicheln bestellt werden.

Die hier erzielten jungen Eichenhorste sind alsdann vor der Verdämmung der sie umgebenden Buchen um so sorgfältiger zu schützen und im Auge zu behalten, da letztere einen Vorsprung haben. (Vergl. Schlagpflege.)

Auch aus dieser Ursache verdient die horst= und gruppenweise Eichelsaat immerhin den Vorzug vor der Einzelstufung.

Nachhauungen.

Nach erfolgtem Aufschlage ist alsbald und zwar über den Eichenhorsten früher und stärker, als es der Buchenaufschlag erfordert, eine **Durchlichtung des Oberholzes** in der Art vorzunehmen, daß ein lichter Graswuchs, der den jungen Pflanzen Seitenschutz gegen Hitze und Frost gewährt, sich über die ganze Fläche verbreitet, ohne jedoch eine den Pflanzen nachtheilige Ausdehnung zu gewinnen.

Je trockner und vermagerter der Boden in seiner obern Schichte ist, desto schneller muß dem vorhandenen Aufschlage allmälig Licht und atmosphärische Einwirkung verschafft werden und es soll hier schon in dem nächstfolgenden Winter nach Erzielung des Aufschlags ein **kräftiger Nachhieb** stattfinden, um eine Stellung herbeizuführen, unter welcher Regen und Thau ꝛc. auf die jungen, noch in der trockenen Oberfläche wurzelnden, Pflanzen gehörig einwirken können, indem die Erfahrung gelehrt hat, daß der Nachwuchs **unter der Bedachung** der Mutterbäume häufig wieder eingeht, oder wo er sich erhalten hat, vielfach kümmert.

Auf frischem, kräftigem Boden dagegen hält sich der Buchenaufschlag lange gesund und man würde hier **durch eine beschleunigte Nachhauung offenbar an Zuwachs verlieren.**

In eigentlichen Frostlagen muß der Nachwuchs ohnehin längere Zeit in dunklerer Stellung gehalten und mit größter Vorsicht über die Frostregion hinausgeführt werden.

Wenn durch die Herausnahme alter, aftreicher Stämme die Auslichtung plötzlich zu stark werden würde, so wird inzwischen noch durch fortgesetzte **Aufästung** nachgeholfen, was überhaupt an Samenbäumen zu geschehen hat, welche mit weit herabhängenden Aesten versehen sind.

In veralteten, anbrüchigen Beständen, welche wenig Zuwachs besitzen, räth sich die raschere Durchführung der Abtriebschläge von selbst an; ebenso die **baldige Entfernung rückgängiger Samenstämme** in sonst wüchsigen Beständen, während mit den Nachhieben an der jüngern Stammklasse in denselben nur **sehr allmälig zu verfahren ist.**

Die weitern Nachhauungen sind so zu führen, daß der Aufschlag durch allmälige Lichtung stets gesund erhalten und dessen Wachsthum möglichst gefördert werde; sie richten sich daher weniger nach einer bestimmten Zeit als nach dem jeweils hervortretenden Bedürfnisse, doch erfolgen sie gewöhnlich in Zwischenräumen von 3—4 Jahren. Junger Eichenaufschlag muß, wie oben bereits erwähnt, viel früher freigestellt und das innerhalb der jungen Eichenhorste befindliche Oberholz nach 2—3 Jahren geräumt werden.

Zu den Ueberhältern sind, wo immer thunlich, weniger einzelne, als in Gruppen und Horsten beisammenstehende Eichen auszuwählen.

Wo dieß nicht möglich ist und die Eichen nur im Einzelnstande vorkommen, halte man zur Verhütung der Gipfeltrockniß an diesen Stämmen in nächster Umgebung der Eichen auch schöne Kiefern und in Ermangelung dieser, schlankwüchsige und Ausdauer versprechende Buchen über und suche überhaupt auch dahin zu trachten, daß sie vor ihrer gänzlichen Freistellung schon mit vollständigem Unterwuchs umgeben seien.

Daß in Ermangelung von Eichen hiezu geeignete Kiefern, und in geringerem Maße auch Buchen, horstweise übergehalten werden können und sollen, ist oben unter den Wirthschaftsgrundsätzen bereits angeführt.

Erst wenn die Räumung des Oberholzes vollständig erfolgt ist, werden die verbliebenen Blößen auf minder kräftigem, verhärtetem, oder mit Heide und Beerkraut bewachsenem Boden mit Lärchen, Kiefern oder Fichten ausgepflanzt oder angesäet und die etwa noch sonst vorkommenden Schlaglücken auf kräftigem Boden mit andern Holzarten, insbesondere Eschen, Rüstern, Tannen, Ahornen, Linden ꝛc. mit Rücksicht auf Klima und Lage in Bestockung gebracht.

Der später eintretenden Schlagpflege bleibt es sodann überlassen, die werthvollsten Holzarten in ihrer gedeihlichen Entwickelung zu begünstigen und die solche verdämmenden Weichhölzer, oder auch einen Theil des Nadelholzes wieder zu entfernen und somit das wünschenswerthe Mischungs=verhältniß mit besonderer Rücksicht auf Boden, Klima und Lage herzustellen.

Die für vorstehende Bestandsform gegebenen Regeln finden im Wesentlichen auch Anwendung auf die **bessern mit Kiefern gemischten haubaren und angehend haubaren Buchenbestände der Form Nr. 7.**

Von der gewöhnlichen Laubholz=Verjüngung weicht die Bestandsform Nr. 3 insofern ab, als nur die ältern und die schlechtwüchsigen Stämme auszugs= und durchforstungsweise mit Rücksicht auf die Wiederbestellung der entstehenden Lücken und Freiungen herausgehauen werden, der Haupt=bestand aber — aus gesunden und dauerungsfähigen Eichen bestehend — da, wo er nicht bereits mit jüngern Buchen unterstellt ist, blos soweit gelichtet wird, daß Buchen unter demselben nachgezogen werden können, wozu jedes Buchen=Mastjahr vor allen andern Kulturen sorgfältig zu benutzen ist.

Diese Eichen bleiben alsdann bis zum nächsten Umtriebe der Buchen übergehalten.

Reine Eichenpartien der Form Nr. 4 werden, sobald sie zu Stangenholz herangewachsen sind und sich gehörig tragen, ebenfalls vom Nebenbestande befreit und gleichfalls mit Bucheln eingestuft oder bepflanzt.

2. **Erziehung von Kiefern nach Laubholz. (Form 2 u. 6)**

In den der 2. und 6. Bestandsform angehörigen veralteten Eichen= und Buchenbeständen, in welchen der Boden in Folge ungünstiger Lage, langen Bloßliegens und übermäßiger Streunutzung so geschwächt ist, daß auf eine gedeihliche Nachzucht von Laubholz nicht mehr gerechnet werden kann, sohin eine Umwandlung in Kiefern unvermeidlich, wie auch durch die Natur schon angedeutet ist, muß der kahle Abtrieb in der Hauptsache gleiche Anwendung finden, wie in den eigentlichen Kiefernbeständen.

Bevor jedoch zum Abtrieb geschritten wird, soll den Bestandespartien auf besserem Boden mehrere Jahre voraus und zur größeren Sicherheit frühe genug, durch entsprechende Vorbereitung eine solche Stellung gegeben werden, daß bei eintretendem Mastjahre Aufschlag erfolgen und mit den etwa noch künstlich einzubringenden Eichen- und Buchenhorsten in die nachfolgende Kiefern-Verjüngung einwachsen kann, um die unter den bestehenden Verhältnissen mögliche Laubholz-Mischung wieder herbeizuführen.

Die ausdauerungsfähigen Eichen, welche in solchen Beständen, namentlich der Form Nr. 2, sehr zahlreich vorkommen, werden übergehalten und auf noch kräftigem Boden mit Buchen unterpflanzt.

Wo die Buche voraussichtlich nicht mehr gedeiht, werden Kiefern oder Lärchen, auch beide gemischt, angesäet oder gepflanzt.

Wenn aber soviele Stämme stehen bleiben sollten, daß unter denselben Kiefern oder Lärchen nicht gedeihen können, so müßten, wenn nach Maßgabe der Standortsverhältnisse nicht der Anbau der Weißtanne oder Fichte ein Auskunftsmittel gewährt, dann die Eichen soweit beseitigt (nicht entästet) werden, daß der Kiefern- oder Lärchen-Nachwuchs unter denselben sich erhalten kann.

3. Kiefern-Verjüngung. (Form. 9.)

Zunächst wird in dieser Beziehung bemerkt, daß die Aneinanderreihung sehr ausgedehnter Abtriebsschläge, namentlich in hohen, steilen, südlichen und südwestlichen Lagen, überhaupt unter Umständen, welche die Verjüngung mißlich erscheinen lassen, zu vermeiden und mit dem Abtriebe nicht eher weiter zu schreiten sei, bis die bereits abgeholzten Flächen wieder mit Besamung bestellt und gehörig begrünt sind.

Zu diesem Ende werden die Angriffe mittelst S a u m = h i e b e n in größerer oder geringerer Breite, welche aber niemals die doppelte Höhe des angrenzenden Bestandes betragen darf, horizontal am Berge, von oben nach unten und in der Richtung von Nord=Nordost gegen Süd=Südwest in der Art geführt, daß die angrenzende Kultur in den nächsten 2 bis 3 Jahren den nöthigen Seitenschutz vom stehenden Holz erhalte. Diese Saumschläge können übrigens auch vertical oder diagonal (schräg am Gehänge) angelegt, oder, wenn es sich um Erweiterung der Schlaglinie handelt, auf einem Flügel des horizontalen Streifens in senkrechter Richtung von der Höhe bis ins Thal verlängert werden, in der Art, daß der Saumschlag, einen Winkel bildend, in beiden Richtungen fortschreitet.

Um aber mit den weiteren Absäumungen nicht so schnell, wenigstens nicht v o r der Wiederbestellung der bereits abgeholzten Flächen nachrücken zu müssen, werden dieselben in einer, oder über mehrere Abtheilungen so vertheilt, daß mit dem jährlichen Hiebe gehörig gewechselt werden kann.

Kleinere Abtheilungen und Unterabtheilungen können auch mit einem Male abgetrieben werden. Aller vorhandene Kiefern=Vorwuchs ist gleichzeitig mit dem Hiebe zu beseitigen.

Die Kiefernbestände sind jedoch nicht selten mit mehr oder weniger verkrüppelten Eichen und andern Laubhölzern unterstellt. Werden diese gleichzeitig mit den Kiefern gefällt, so schlagen sie gewöhnlich wieder kräftig aus und die nachfolgende Kiefernkultur wird durch die üppigen Eichenstockausschläge in den ersten Jahren überwachsen, oft sogar verdrängt.

Dieser Mißstand wird dadurch beseitigt, daß das Laubholz theilweise vor der Hand belassen, oder doch nur soweit als nöthig ausgelichtet und erst dann ganz entfernt wird, wenn die erfolgte Kiefernsaat soweit erstarkt ist, daß der berührte Nachtheil für sie nicht mehr zu befürchten steht.

Zur Erziehung des stärkeren Nutzholzes wird eine entsprechende Anzahl (5 bis 6) schlanker und aftreiner Kiefern mit guten Kronen, in angemessener Vertheilung, zum Einwachsen in den nächsten Umtrieb übergehalten. Die Auszeichnung derselben geschieht am Besten vor dem Angriffe und sie können schon beim Vorbereitungshiebe ausersehen und zu ihrer künftigen Bestimmung mit den Kronen gehörig freigestellt werden. Wo sehr schöne gesunde Kiefern in Horsten auf ganz kräftigem Boden vorkommen, können auch 20 bis 30 solcher Stämme per Tagwerk übergehalten und mit Buchen oder Tannen unterpflanzt, oder angesäet werden.

Die entholzten Flächen sind sofort, gewöhnlich im darauffolgenden Frühjahr nach dem Hiebe, mittelst Kiefern= saat zu bestellen. Auf trocknen, nicht tiefen Lagen ist dem Kiefernsamen ½ bis 1 Kilogramme Lärchensamen pro Tagwerk beizumischen. Nur bei ergiebigen Samenjahren und auf durch Schwein=Eintrieb wundgemachtem Boden kann die Wiederbestellung der Natur ganz überlassen werden.

4. Verfahren bei der Anzucht von Laubholz nach Kiefern.

Viele haubare Kiefernbestände stocken nicht selten auf kräftigem Boden, wo Laubholz sicher wieder gedeiht, und sollen daher auch eintretende Mastjahre zur Umwandlung derselben in Eichen= und Buchen= mit Kiefern gemischte Bestände benutzt werden. Zu diesem Zwecke wird dem Kiefernbestand nur die Stellung eines Vorbereitungshiebes in der Art gegeben, daß auf der ganzen Fläche eine lichte

Grasnarbe sich bilden kann. Bei eintretendem Eichel=
Mastjahre wird in Horsten von 1 bis 2 Tagwerk beiläufig
die Hälfte der Fläche bestuft und im folgenden Jahre ein
Theil des stärksten Holzes über den jungen Eichenhorsten
nachgehauen. Bei eintretendem Buchel=Mastjahre wird der
übrige Theil der Fläche zwischen den Horsten eingestuft und
wenn der Buchenaufschlag erfolgt ist, zur Vermehrung des
Zuwachses sehr langsam gelichtet. Die Eichenhorste werden
nach 3 bis 4 Jahren ganz freigestellt, über den Buchen=
horsten aber 10 bis 20 schlankwüchsige und Ausdauer
versprechende Kiefern per Tagwerk übergehalten. Die zur
Untermischung nöthigen Kiefern werden in mehr als hin=
reichendem Maße von dem stehenden Holz, nach vollzogenem
Endhiebe noch von den übergehaltenen Stämmen sicher
anfliegen.

III.
Forstkulturen.

Mit den fortschreitenden Angriffen soll der Kulturbetrieb
stets gleichen Schritt halten.

Zur Unterstützung der natürlichen Verjüngungen ins=
besondere, sowie auch zur vollständigen Wiederbestellung
der Waldbestände überhaupt, haben mit Rücksicht auf deren
künftige Erziehung, in Verbindung mit den eben beschriebenen
Hiebsmanipulationen nachstehende Kulturmaßregeln geeignete
Anwendung zu finden:

1. **Vorbereitung des Bodens in den Be=
samungsstellungen;**
2. **Verbreitung und Einbringen des Sa=
mens in denselben;**

3. Schlagnachbesserungen;
4. Unterstellung der zum längern Ueberhalten bestimmten Eichen;
5. Künstliche Wiederbestellung der Kahlschläge und Oedungen, vorzugsweise mit Kiefern.

Zu 1. Vorbereitung des Bodens in den Besamungsstellungen.

Durch zweckmäßige Vorhiebe, in Verbindung mit dem Schwein-Eintrieb, zumal bei feuchter Witterung, wird der Boden zur Aufnahme des Samens in den Laubholzschlägen in der besten und vortheilhaftesten Weise empfänglich gemacht. Es wird hierdurch nicht nur ein kräftiger Humus erzeugt und die Verjüngung gefördert, sondern es werden auch die schädlichen Insekten, insbesondere die in den jüngsten Jahren sehr schädlich gewordenen Maikäferlarven, durch die Schweine aufgezehrt und zerstört.

In den Buchen-Vorbereitungs- und Besamungsschlägen ist der Schwein-Eintrieb bei s. g. Sprengmasten mindestens bis zur Hälfte des Samenabfalles, bei vollen Samenjahren aber bis zum gänzlichen Abfall der Bucheln, zulässig; wo dagegen Eichen-Aufschlag zu erwarten steht, darf derselbe mit dem Hauptabfalle der Eicheln nicht mehr und noch weniger da gestattet werden, wo Eicheln künstlich eingebracht worden sind. Wo der Zweck durch Schwein-Eintrieb sich nicht in dem gewünschten Maße erreichen läßt, oder die Bodendecke nicht gehörig zersetzt und nicht mit einer lichten Grasnarbe versehen ist, wäre die natürliche Ansamung durch geeignete Bodenvorbereitung bei eintretender Buchel- und Eichelmast nur zu unterstützen, statt der bisher gewöhnlich angewendeten sehr kostspieligen vollen Bearbeitung der ganzen Schläge.

In vielen Fällen wird es genügen, wenn an jenen Stellen, wo der Boden nicht empfänglich, vielmehr noch nicht mit einer lichten Grasdecke versehen ist, das Laub und Moos ꝛc. auf 1 bis 2 Fuß breit, in Abständen von 4 Fuß, riefenweise abgerecht und **während oder nach** dem Samenabfall der Boden mit eisernen Rechen in der Art verwendet wird, daß der Samen auf den bloßen Boden gelangen und von dem später abfallenden **frischen** Laube wieder mäßig bedeckt werden kann.

Insbesondere ist dieß nöthig, wo sich eine dichte, der Samenaufkeimung hinderliche Laubdecke angehäuft hat; diese muß vor dem Samenabfalle ganz oder in Riefen entfernt und die gewöhnlich darunter befindliche Moderschichte mit dem Erdreich gehörig vermischt werden.

Das mit großen Kosten verbundene Aufhacken des Bodens auf festen, vermagerten, oder mit Heide, Heidelbeerkraut und Moos überzogenen Stellen hat sich nur selten bewährt, indem der dort erzielte Buchenaufschlag meistens wieder verschwunden oder doch verkrüppelt ist.

Dergleichen Stellen bleiben daher zur Erziehung eines kräftigen Bestandes und zur Hebung des Bodens besser der Aufforstung mit dem genügsameren Nadelholze, nach vollständiger Räumung des Oberholzes, vorbehalten.

Zu 2. Verbreitung und Einbringen des Samens.

Neben der natürlichen Samen-Verjüngung wird man nicht unterlassen, wenn nöthig, einen Theil der in den Schlägen abgefallenen Früchte außerhalb des Bereiches der Mutterstämme zu verbreiten und dieselben auf die entsprechendste Weise in den Boden zu bringen. Dann ist aber auch noch der **künstlichen** Laubholzzucht und ganz besonders der **Kultur der Eiche** mittelst horstweiser Einbringung auf den hiezu geeigneten Flächentheilen nicht allein in den Buchen-Besamungsschlägen, sondern auch in den zur Umwandlung bestimmten Kiefernbeständen eine angemessene Ausdehnung zu geben und überhaupt die

Mischung der vorzugsweise zu Bau- und Nutzholz tauglichen Holzarten, mit Rücksicht auf Boden, Klima und Lage, im Auge zu behalten.

Beim Anbau der Eiche ist der Saat immerhin der Vorzug vor der Pflanzung einzuräumen und es können die zu kultivirenden Horste ½ bis 2 Tagwerk betragen, auf welchen die Eicheln in den vorher gut und locker bearbeiteten Boden mittelst Vollsaat oder streifenweise eingebracht werden. Die beim Graben der Stämme in den Schlägen sich ergebenden Stocklöcher sollen gehörig geebnet und bei Samenjahren zur Einsaat mit Eicheln vorzusweise benutzt werden.

Wo der Boden eine leichte Grasnarbe hat oder ein dünner Kräuterüberzug oder Moos denselben deckt, werden die Eicheln am besten und mit den geringsten Kosten mit dem Steckholz oder Stufeisen dicht in die Moosdecke oder Grasnarbe in der Art eingesteckt, daß sie den Boden lediglich berühren und vom Grase ꝛc. den nöthigen Schutz erhalten. Diese Verfahrungsweise wird insbesondere in den auf Laubholzboden stockenden Kiefernbeständen ihren Platz finden.

Außerdem sind nach Entfernung der hohen Laubdecke, in Abständen von 1 bis 2 Fuß, schmale, höchstens 1 Zoll tiefe Rillen zu ziehen, die Eicheln einzeln, aber nicht über 2 Zoll von einander einzulegen und sodann leicht mit Laub und höchstens bis zu 1 Zoll mit Erde zu bedecken. Wo ausnahmsweise auf mit Heide oder Beerkraut licht bewachsenem Boden auch Eicheln eingebracht werden sollen, müssen diese Unkräuter in Abständen von 3 bis 4 Fuß, riefenweise 2 Fuß breit, leicht abgeschürft und sodann die Eicheln, nach gehöriger Auflockerung des Bodens, in die Riefen eingebracht werden.

Das erforderliche Samenquantum, welches mit Rücksicht auf oben beabsichtigten Zweck zu bemessen und nicht zu sehr zu schmälern wäre, wird per Tagwerk 2 bis 3 Hektoliter Eicheln betragen, je nachdem eine Voll-, Rillen- oder Riesensaat angewendet wird.

Bei horstweisen Eichelsaaten wird das Samenquantum nach der wirklich zu kultivirenden Fläche bemessen.

Die Verwendung des Samens der Stieleiche aus den Rheinwaldungen in den Pfälzerwald und umgekehrt ist zu vermeiden, da der Erfolg bisher kein günstiger war.

Eine vorübergehende mäßige Untermischung mit Birken, Kiefern, Lärchen, ist dem Gedeihen der jungen Eichen, namentlich in rauhen Lagen, oder wo kein Graswuchs erfolgt, sehr förderlich.

Wird eine Beimengung der Weißtanne in den Buchen-Beständen als angemessen erachtet, so geschieht dieß am besten mittelst Saat in 2 bis 3 Zoll breiten Rillen, bei 2 bis 3 Fuß Abstand. Da die Weißtanne eine starke Beschattung lange verträgt, so werden zu ihrer horstweisen Beimischung einzelne Blößen, oder lichte Stellen, in den Buchen-Vorbereitungshieben gewählt, wo sich bereits eine lichte Gras- oder Moosdecke gebildet hat. Die Tanne gewinnt in solchen kleinen Horsten einen Vorsprung vor der Buche und bildet sich zu werthvollem Bau- und Nutzholz aus.

Zu 3. Schlag-Nachbesserungen.

Durch die Schlag-Nachbesserungen sollen die nach erfolgtem Abtrieb der Schutz- und Samenbäume in den Verjüngungen verbliebenen Lücken und Blößen vervollständigt werden. Diese Nachbesserungen, vermittelst welcher zugleich nützliche Holzarten noch nachträglich in die Bestände eingebracht und das den Oertlichkeiten am meisten entsprechende Mischungsverhältniß erzielt werden kann, geschehen in der Regel auf kleinen Lücken durch Pflanzung, auf größern

Blößen auch durch Saat, wenn namentlich die nöthigen Pflanzen hiezu fehlen sollten, oder in Oertlichkeiten, wo durch eine leichte Einsprengung von Kiefern und Lärchen das Gedeihen des nicht hinlänglich geschlossenen Aufschlags gefördert werden soll.

Man versäume keine Nachbesserung und lasse keine Quadratruthe unbestockt; vermeide aber auch voreilige Kulturen, wähle Holzarten, die den vorhandenen Aufwuchs noch einholen, beziehungsweise aber auch solche, die der Verdämmung durch diesen nicht unterliegen. Je kleiner die Lücken, je geschlossener und wüchsiger der junge Bestand, desto stärker und kräftiger müssen die Pflanzen sein, welche zur Nachbesserung verwendet werden.

Die nach erfolgter Räumung auf den Schlägen verbliebenen größern Blößen werden gewöhnlich mit Kiefern und Lärchen angesäet, kleinere Lücken aber auf entsprechendem Boden mit Weißtannen, oder Lärchen, dann kalte Niederungen und enge Thäler vorzugsweise mit Fichten, in 4füßigem Verbande oder in Reihen mit 4 Fuß Abstand, in Bestockung gebracht. Hierdurch wird die Nachzucht von Bau- und Nutzholz gefördert und es kann von der Buchenpflanzung füglich um so mehr Umgang genommen werden, als hier die schönsten Buchenbestände durch Samenverjüngung ohnehin schon in großer Ausdehnung mit geringen Kosten nachgezogen werden können.

Kostspielige Ballenpflanzungen sind auf gutem Boden in der Regel nicht nöthig. Wo 2- bis 4jährige, in Saatbeeten erzogene Fichten-, Lärchen-, Tannen- 2c. Pflänzlinge Anwendung finden, werden diese, ohne Ballen verpflanzt, vollkommen entsprechen. Die Kiefer läßt sich auf leichtem Sandboden am besten einjährig verpflanzen; außerdem verdienen bei dieser Holzart 3- bis 6jährige Ballenpflanzungen den Vorzug.

Eichenverjüngungen wird man, insoferne der Boden dazu geeignet ist, mit Buchen, außerdem mit Kiefern und Lärchen vervollständigen.

Auch Kastanien-, Eschen-, Ulmen-, Ahorn- und Linden-Pflanzungen werden zur Nachbesserung auf kleinen Lücken der Buchenverjüngungen, auf gutem Boden und in geschützten Lagen vorzunehmen sein, wo deren Gedeihen zu erwarten steht.

Die Bestellung der Schlaglücken mittelst Eichenpflanzung ist nur zu empfehlen, wenn der Boden sehr kräftig ist und die Lücken so groß sind, daß eine Ueberschirmung der Eichen im späteren Alter nicht zu befürchten steht. Hiezu werden auf nicht sehr bindendem Boden am zweckmäßigsten 1- bis 2-, höchstens 3jährige Pflanzen gewählt. Das Pflanzloch wird bis zur entsprechenden Tiefe aufgelockert und die Pfahlwurzel unverkürzt (mit Hülfe des Setzholzes) gehörig eingelassen; einjährige Eichenpflänzlinge werden mit sicherstem Erfolg und geringsten Kosten auch mittels des dreikantigen Pflanzeisens eingesetzt.

Derlei Eichenpflanzungen empfehlen sich auch namentlich horstweise, selbst schon in Buchen-Besamungsschlägen, in denen bereits Aufschlag erfolgt ist, nach vorausgegangener horstweiser Lichtung des Oberholzes.

Auf sehr verraßtem Boden wird auf den umgestürzten Rasen gepflanzt.

Kostspielige, in den meisten Fällen doch zu keinem günstigen Resultate führende, Pflanzungen mit starken, verschulten Eichen und Buchen auf entkräftetem Boden sollen unterbleiben. Starke, verschulte Eichenpflanzen sind in Pflanzgärten nur nachzuziehen, wenn solche zur Verpflanzung auf Triften, an Straßen und Waldwegen ꝛc. voraussichtlich nöthig werden.

Zu 4. Unterstellung der Eichen.

Wie bereits früher bei der Bestandsverjüngung besprochen wurde, sollen die reinen Eichenbestände mittleren Alters und Stangenhölzer, auch dergleichen Gruppen und Horste, zu ihrer Erhaltung und zum weitern Gedeihen, nach vorausgegangener Auslichtung durch Wegnahme des Nebenbestandes, mit Buchen unterstellt werden.

Hiebei handelt es sich jedoch nicht um die Erziehung eines vollkommenen Buchenbestandes, sondern es besteht vielmehr die Aufgabe darin, nur so viele Buchen zwischen den Eichen einzubringen, als zur vollkommnen Boden=Beschattung und Ausfüllung etwaiger Lücken absolut erforderlich sind.

Dieß kann ebensowohl durch Saat als durch Pflanzung bewerkstelligt werden und es ist auch oft nöthig, beide Kulturarten neben einander anzuwenden, da bei dem oft längern Ausbleiben der Samenjahre die zur Saat nöthigen Bucheln fehlen; dagegen junge Pflanzen in den Schlägen nicht selten in großer Anzahl und am zweckmäßigsten in Büscheln ausgehoben und zu berlei Unterpflanzungen verwendet werden können.

Auf oberflächlich vermagertem Boden, wie er bei der fraglichen Bestandsform leider nur allzu häufig vorkömmt, verdient ohnehin die Pflanzung den Vorzug vor der Saat, weil die sogleich tiefer in den Boden greifenden Pflänzlinge bei der geringen Einwirkung der Atmosphärilien sich rascher entwickeln, als die anfänglich in der obersten Bodenschichte nur flachwurzelnden Sämlinge, namentlich in regenarmen Jahren, wo der Boden in seiner obern Schichte, selbst in ziemlich geschlossenen Eichenbeständen, mehr oder minder austrocknet.

Wo daher die hiezu erforderlichen und tauglichen Pflänzlinge nicht aus den natürlichen Verjüngungen bezogen werden können, lege man bei jedem Mastjahre in der Nähe der Kulturstellen überall, aber nicht zu große, Buchen=Saatbeete an, um für alle Zufälle leicht transportable Buchenpflanzen mit gut ausgebildeten Wurzeln vorräthig zu haben. Hiezu können auch die öfter wiederkehrenden Spreng= und Gipfelmasten benutzt werden.

Die Bucheln sind in 2 Zoll breiten Rillen und in Abständen von 3 bis 4 Zoll dicht einzulegen, um solche sodann in Büscheln von 2 bis 4 Pflanzen leicht ausheben und selbst mit Ballen bei feuchtem Wetter verpflanzen zu können.

Weißtannen, Lärchen, Kiefern oder Fichten 2c. wären ausnahmsweise nur da anzubringen, wo das Gedeihen der Buchen wegen Vermagerung des Bodens nicht gesichert erscheint.

Zu 5. Künstliche Wiederbestellung der Kahlhiebe und Oedungen.

Eigentliche Oedungen von größerer Ausdehnung kommen im Pfälzerwalde nicht mehr vor und es handelt sich hier in der Hauptsache von der alljährlichen Wieder=aufforstung kahlabgetriebener Kiefernbestände und solcher Laubholzbestandsreste, die in Kiefern umgewandelt werden sollen (Form. 2, 6 und 9), (Angriffsart 2 und 3), was in der Regel in dem zunächst auf den Abtrieb folgenden Frühjahre mittelst Saat, ausnahmsweise und namentlich auf flüchtigem Sande, bei starkem Graswuchs und wo die Bodenbearbeitung sehr schwierig ist, mittelst Pflanzung geschieht.

Wo eine Moosbedeckung, oder eine dünne Grasnarbe und leichter Kräuterüberzug vorhanden sind, ist eine förmliche Bodenvorbereitung nicht nöthig und es genügt, wenn der ausgestreute Samen durch Unterkratzen mit eisernen Rechen, oder auch mittelst eines Schleppbusches mit dem Boden in Verbindung gebracht wird.

An sehr steilen, mit Steinen überworfenen, Gehängen werden schmale Rinnen und Kanten die vortheilhafteste Anwendung finden.

Ist der Boden mit Heide oder Beerkraut bewachsen, so hat die Bearbeitung in 1 bis 2 Fuß breiten Riefen mit 3- bis 4füßigem Abstand zu erfolgen und zwar an Bergwänden in möglichst horizontaler Richtung und in der Ebene von Osten gegen Westen.

Die Heide und das Beerkraut ꝛc. ist in den Riefen flach abzuschürfen, an Bergwänden unten, in der Ebene südlich an den Riefen anzubringen, die obere vegetabilische Bodenschichte sodann 2 bis 3 Zoll tief aufzulockern, mit dem mineralischen Untergrund zu vermengen und auf der untern Hälfte der Riefen zusammenzuziehen. Hierauf werden 2 bis 3 Kilogramme geflügelter Kiefernsamen, einschließlich einer mäßigen Beimischung von Lärchen, auf der angehäuften lockeren fruchtbaren Bodenschichte eingestreut und untergerecht.

Auf bindendem, zum Aufsrieren geneigten Boden ist es räthlich, die Bodenbearbeitung möglichst früh vor der Aussaat, nach Umständen schon im Nachsommer oder Herbst, oder selbst ein volles Jahr vor der Saat vorzunehmen, damit sich inzwischen der Boden wieder setzt und die immerhin längere Zeit erfordernde Lösung der nährenden Bestandtheile den jungen Pflanzen in Zeiten zukömmt.

Die Aussaat geschehe zeitig genug im Frühjahr, wo möglich bei trockener Witterung, im Monat April bis spätestens zur ersten Hälfte des Mai, um noch die Winterfeuchtigkeit für die Keimung des Samens zu benützen.

Auf lehmhaltigem, nicht sehr trocknem Boden sind die Kiefern=Riefensaaten, in Abständen von 8 bis 9 Fuß anzulegen und in deren Mitte mit **Fichtenpflanzungen**, mittelst 3= bis 4jährigen Pflanzen, in abwechselnden Reihen, in Verbindung zu bringen. Derlei **Fichten=Zwischenpflanzungen** sind selbst in Oertlichkeiten, wo von der Fichte kein sehr kräftiger Wuchs, vielmehr nur ein den Boden beschattender Unterbestand zu erwarten ist, zu empfehlen.

Diese Bodenbeschirmung kann auch auf schlechterem Boden mittelst Saat durch eine mäßige Beimischung von Fichtensamen in manchen Fällen angestrebt werden.

Auf ganz leichtem trocknen Sandboden, wo die Fichte aber selbst zu einem den Boden beschirmenden Unterstand voraussichtlich sich nicht ausbildet, beschränke man die Kiefernsaaten lediglich auf eine mäßige Beimischung der Lärche. Sehr häufig ist die Bodenbeschaffenheit im bunten Sandsteine von der Art, daß an einer Bergwand gegen das Thal die Fichte und gegen die Höhe die Lärche am zweckmäßigsten beigemischt werden kann.

Es ist daher eine der wichtigsten Aufgaben des Wirthschaftsbeamten, die Bodenverhältnisse vor dem Entwurfe des Kulturplanes sorgfältig zu untersuchen und hiernach die anzuziehende Holzart in Vorschlag zu bringen.

Bei den Kiefern=Verjüngungen ist die Rothbuche als Nebenbestand besonders zu schonen, wenn sie auch, von der Kiefer ganz unterdrückt, und als Gestrüppe, nur zur Beschattung und Verbesserung des Bodens durch Laubabfall dient.

Die in den mehrjährigen Kiefernsaaten vorkommenden Lücken und Blößen sind mit Kiefern und Lärchen auszupflanzen, so lange taugliche Pflanzen hiezu noch in hinreichender Zahl auf der Kulturstelle selbst vorhanden sind.

Größere Blößen können im ersten und zweiten Jahre noch durch Nachsaat mit Kiefern und Lärchen mit Erfolg aufgebessert werden. Spätere Nachsaaten möchten nur ausnahmsweise da in Anwendung zu bringen sein, wo es zufällig in der Nähe der Kulturstellen an den erforderlichen Pflänzlingen mangeln sollte, oder deren anderweitige Beischaffung zu kostspielig wäre.

Die Stärke der Nadelholz-Pflänzlinge wird durch die Boden- und Bestands-Verhältnisse bedingt. Wo einjährige Pflanzen nicht anwendbar sind, werden die Kiefern am besten 3- bis 5jährig mit Ballen verpflanzt.

Die Entfernung der Pflanzen soll nach Maßgabe der früher oder später nöthig werdenden Bodenbedeckung nicht unter 3 und nicht über 5 Fuß betragen; nur einjährige Kiefernpflanzen können enger gepflanzt werden.

Wohlthätig wirkt an trocknen und magern Stellen die Umgebung der Pflanzen mit Steinen, Moos oder Rasen, wodurch die Feuchtigkeit erhalten wird.

Auf feuchtem oder nassem Boden sind Hügelpflanzungen sehr zu empfehlen.

Anlage von Saat- und Pflanz-Kämpen.

Auf den in Betrieb stehenden Waldorten sind rechtzeitig Saat- und Pflanz-Kämpe in schicklicher Vertheilung zur Ersparung der Transportkosten anzulegen, im Falle Boden und Lage hiezu sich eignen.

Große, auf einen Punkt concentrirte Pflanzgärten entsprechen dem Zwecke nicht. Zu den Saatbeeten sind Stellen mit frischem und kräftigem Boden, mit entsprechendem Seitenschutz, auszuwählen, solche außer dem Bereiche der Traufe von den Randbäumen zu bringen, gut zu bearbeiten und in Rillen, nicht allzu dicht anzusäen, damit die Pflanzen sich kräftig entwickeln und ausbilden können.

Wenn der Samen aufgegangen ist, wird der leere Raum zwischen den Pflanzen mittelst eines zweizinkigen Rechens öfter aufgekratzt oder gelockert und von Unkraut rein gehalten.

Ist der Boden sehr zum Graswuchs geneigt, so können die Zwischenräume noch mit Moos, bei Laubholzsaaten auch mit Laub bedeckt werden.

Für die Anzucht von einjährigen Eichen- und Kiefernpflanzen muß der Boden bis zu einem Fuß tief aufgelockert und nöthigenfalls mit Rasenasche oder sonstiger nahrhafter Erde gemischt werden. Im Uebrigen genügt die Bearbeitung des Bodens auf 4 bis 5 Zoll Tiefe.

Zur Erziehung tauglicher Pflänzlinge wird folgendes Verfahren anempfohlen: Auf 4 Fuß breiten Beeten werden in Abständen von 3 Zoll, Rillen von 1 Zoll Breite mit einer vierschuhigen Latte eingedrückt, der Samen wird dann eingestreut und leicht mit Erde bedeckt. Wo die Pflanzen zu dicht kommen, werden sie gelichtet und die ausgehobenen einjährigen Pflanzen auf besonderen Beeten verschult oder ins Freie verpflanzt, wenn es Kiefernpflanzen sind; **nach drei Jahren sind die übrigen Nabelholzpflänzlinge ohne Ballen zu verpflanzen**. Es können jedoch in den Rillen noch einzelne Pflanzen in gehöriger Vertheilung zu wünschenswerthen Ballenpflanzungen, oder wo überhaupt stärkere Pflanzen nöthig sind, noch länger belassen werden.

Nur ausnahmsweise sind außerdem Pflanzen in geregelten Rillen **einjährig zu verschulen**, wenn für ganz entkräfteten Boden sehr stark bewurzelte Pflanzen nöthig werden.

Bei Anlage von Eichen-Saat-Kämpen wird der Boden 1 Fuß tief gerodet; sodann werden auf 3 bis 4 Zoll Entfernung 1 Zoll tiefe Rillen gezogen, die Eicheln einzeln neben einander eingelegt und kaum 1 Zoll hoch bedeckt.

Die Verpflanzung geschieht nach 1 bis 2 höchstens 3 Jahren, wo die Pflanzen mittelst Untergrabung ausgehoben werden.

Bearbeitung des Bodens in Mittel- und angehend haubaren Beständen.

In Folge des Streurechens, oder der Entführung des Laubes durch den Wind, ist der Boden in der Oberfläche oft so vermagert und fest, daß der Zuwachs der betreffenden Bestände in merkbarer Abnahme begriffen ist. Diesem Uebelstande kann durch strenge Hege und Schwein-Eintrieb abgeholfen werden.

Wo jedoch der Boden schon so verhärtet ist, daß die Schweine nicht mehr brechen, werden zur Festhaltung des Laubes und Wiederbelebung der Vegetation mit günstigem Erfolg, namentlich am Gehänge, 1 Fuß breite und 4 bis 8 Fuß von einander entfernte tiefe Riefen oder Furchen gezogen.

Wo die Entwendung des geringen Reisigs durch Leseholzsammler nicht zu fürchten und dieses Material überhaupt werthlos ist, kann durch Ausbreitung desselben bei den Durchforstungen dem bezeichneten Uebel gleichfalls abgeholfen werden.

W e g e.

Der Bau sämmtlicher Waldwege hat sich auf ein bei der Forsteinrichtung entworfenes und bei jeder Waldstands-Revision zu prüfendes Straßennetz zu gründen.

Die Bauten selbst sind auf den Grund vorher angefertigter Nivellements-Pläne in der erforderlichen Breite zweckentsprechend anzulegen und es ist hiebei insbesondere für Ableitung des Wassers durch Gräben und Durchlässe gehörige Fürsorge zu treffen.

IV.
Benutzung der Waldstreu.

Das Verlangen nach Waldstreu kann in dem angeforderten Maaße ohne den größten Nachtheil für die Waldungen in der Regel nicht befriedigt werden; es steigern sich die Anforderungen um so höher, je mehr die Landwirthschaft den Anbau von Handelsgewächsen, als Tabak, Hopfen, Krapp 2c. ausdehnt und der Wein- und Kartoffelbau sich verbreitet. Da indeß die Benutzung der Waldstreu grundsätzlich keine die Hauptnutzung gefährdende Ausdehnung erhalten darf, so kann derselben mithin auch nur so weit Raum gegeben werden, als dieß mit der Erhaltung des Waldes vereinbarlich ist. — Bei Ausübung derselben haben die in der Allerhöchsten Verordnung vom 19. August 1849 festgesetzten Grund-Regeln als Richtschnur zu dienen, welche in **Verschonung der Bestände der beiden jüngern Altersklassen und der sehr vermagerten, den Einwirkungen der Sonne blosgestellten Orte, in einem möglichst langen Wechsel in der Benutzung und in einer den Verhältnissen angemessenen mehrjährigen Vorhege vor der Verjüngung** bestehen.

Um der Rechstreunutzung engere Grenzen zu ziehen, wird der minder schädlichen Gewinnung von Schneid- und Aststreu noch mehr Eingang zu verschaffen sein.

Insbesondere möchte die Nützlichkeit der auf den Nadelholzhieben ganz unschädlich zu gewinnenden grünen Nadel-, Ast- oder Hackstreu nicht allein vom finanziellen Standpunkt aus beurtheilt werden dürfen, der Hauptwerth vielmehr in der dadurch ermöglichten Beschränkung der Rechstreu-Nutzung zu finden sein.

Die Arbeit bei der Zugutmachung wird sich, da die Ausscheidung des geringen Reisigs schon bei der Aufarbeitung des Prügelholzes geschieht, in vielen Fällen auf das wenig kostspielige Zusammenbringen in Haufen beschränken lassen.

Bezüglich der Rechstreu ist die Abgabe zunächst mit dem durch den Wind in die Thäler, Schluchten und Wege gewehten oder sonst übermäßig hoch aufgehäuften Laube zu befriedigen. Außerdem sollte aber keine Rechstreu verabfolgt werden, so lange noch Ast= und Schneidstreu unbenutzt bleibt.

Ueberhaupt ist die Laub= und Nadel=Streunutzung, wo keine Berechtigungen bestehen, in Anbetracht, daß die Bodenkraft in manchen Oertlichkeiten schon sehr geschwächt wurde, thunlichst zu beschränken und wo nur immer möglich auf einen 9= bis 12jährigen Wechsel im Berechen allmälig einzulenken.

Schluß=Bemerkung.

Die vorstehenden Wirthschafts= und Kultur=Regeln sind in der Hauptsache auch anwendbar auf die nicht zu diesem großen Complexe gezählten Waldungen des Forstamts Zweibrücken, in welchen dieselben, oder sehr ähnliche Verhältnisse bestehen.

Tarif

über die

Forſt-Kultur- und Wegbau-Koſten

in der

Pfalz

nach den bisherigen Erfahrungen entworfen

im Jahr 1861.

Bemerkung.

Der Hectoliter Eicheln iſt zu . . . . 1 fl. 20 kr.
„ „ Bucheln „ „ . . . . 4 fl. — kr.
1 Kilogr. abgeflügelter Kiefernſamen zu. 1 fl. 12 kr.
1 „ „ Lärchen= „ „ . 1 fl. — kr.
1 „ „ Fichten= „ „ . — fl. 24 kr.
1 „ „ Weißtannen= „ . — fl. 16 kr.

angeſetzt, wobei zu bemerken iſt, daß der Kiefernſamen von den ärarialiſchen Klenganſtalten des Kreiſes unentgeltlich bezogen wird. Uebrigens beziehen ſich die Samenmengen für die Nadelhölzer durchaus auf abgeflügelten Samen.

Der Taglohn eines gewöhnlichen Arbeiters iſt durchſchnittlich zu 30 kr. berechnet.

Ordnungs-Nummer.	Anzubauende Holzart.	Kultur-Art.
		I. Saaten. *a) Streifensaaten.*
1	Eichen	Alle 3—4 Schuh einen 1—2 Fuß breiten Streifen von der Grasnarbe und den Forstunkräutern zu befreien (flach abzuschürfen), wobei der Abraum auf die unbearbeitete Fläche gezogen wird. Hierauf wird die Erde in den Streifen 3—4 Zoll tief aufgehackt, die Eicheln eingestreut und mit dieser lockern Erde 1 Zoll hoch bedeckt.
2	Eichen	Nach Entfernung der hohen Laubdecke werden in Abständen von 1—2 Fuß, schmale 1 Zoll tiefe Rillen gezogen, die Eicheln einzeln aber nicht über 2 Zoll von einander eingelegt, sodann leicht mit Laub und höchstens bis zu 1 Zoll mit Erde bedeckt.
3	Kiefern oder Kiefern und Lärchen, dann Fichten oder Fichten und Lärchen	Es wird alle 3—4 Fuß ein 1—2 Fuß breiter Streifen leicht abgeschält, die bleibende vegetabilische Bodenschichte 2—3 Zoll tief aufgehackt, mit dem mineralischen Untergrund gemengt und auf der untern Hälfte der Riefen zusammengezogen. Hierauf werden die Streifen besäet und der Samen mittelst eiserner Rechen eingerecht.

Arbeiten und Samenbedarf für 1 Tagwerk.	Beschaffenheit der Oberfläche.					
	a) Laub, Gras und Moos.		b) Heide und Moos.		c) Heide, Heidelbeere, Wachholder 2c.	
	Arbeits-Tage.	Kosten per Tagw. fl. | kr.	Arbeits-Tage.	Kosten per Tagw. fl. | kr.	Arbeits-Tage.	Kosten per Tagw. fl. | kr.
Arbeitslöhne . .	10	5 | —	12	6 | —	15	7 | 30
2 Hekt. Eicheln à 1 fl. 20 kr.	—	2 | 40	—	2 | 40	—	2 | 40
Arbeitslöhne . .	6	3 | —				
2 Hekt. Eicheln à 1 fl. 20 kr.	—	2 | 40				
Arbeitslöhne . .	7	3 | 30	9	4 | 30	12	6 | —
2½ Kil. Kiefernsamen à 1 fl. 12 kr.	—	3 | —	—	3 | —	—	3 | —
oder 2 Kil. Kiefern- u. 1 Kil. Lärchensamen à 1 fl. . . .	—	3 | 24	—	3 | 24	—	3 | 24
oder 2½ Kil. Fichtensamen à 24 kr. . . .	—	1 | —	—	1 | —	—	1 | —
oder 2 Kil. Fichten- u. 1 Kil. Lärchensamen .	—	1 | 48	—	1 | 48	—	1 | 48

Ordnungs-Nummer.	Anzubauende Holzart.	Kultur-Art.
		IV. Gräben.
1	—	Schutz-, Schonungs- und Entwässerungs-Gräben zu 1 Mtr. oberer, 25 Ctmtr. unterer Weite und 50 Ctmtr. senkrechter Tiefe. Die drei Kostenbeträge richten sich hier, wie bei Nro. 19 nach der Beschaffenheit des Terrains oder kleinen Abweichungen in den Dimensionen.
2	—	Seitengräben zu 60 Ctmtr. oberer, 15 Ctmtr. unterer Weite und 30 Ctmtr. senkrechter Tiefe.

Arbeit für 1 lauf. Meter.	a) bei günstigen		b) bei erschwerenden		c) bei sehr beschwerlichen	
	Verhältnissen.					
	Kosten-Anschlag.		Kosten-Anschlag.		Kosten-Anschlag.	
	fl.	kr.	fl.	kr.	fl.	kr.
Arbeitslohn für 1 lauf. Meter	—	3	—	4	—	6
deßgl.	—	2	—	3	—	4

Ordnungs-Nummer	Gegenstand.	Kosten-Anschlag.		Bemerkungen.
		Minimum. fl. |kr.	Maximum. fl. |kr.	
	V. Wegbauten. **A. Gewöhnliche Waldwege von 3—4 Meter Breite mit möglichst ausgeglichenem Gefälle.**			a) Diese werden in der Regel im Minderversteigerungswege, auch im Accord ausgeführt. b) Wo, wie meistens geschieht, Stockholz fabrizirt wird, werden die Kosten auf Holzhauerlöhne verrechnet; wenn aber die Wegarbeiter die Stöcke graben müssen, erhöht sich nebiger Kostenbetrag.
1	Auf ebenem oder wenig geneigtem Boden, überhaupt auf günstigem Terrain, per laufend. Meter	— | 4	— | 6	
2	Auf mäßig steilen Abhängen ohne Felsen, mit wenigen Stöcken, per lauf. Meter	— | 6	— | 10	
3	Auf steilen Gehängen mit Felsen, Wurzeln und Stöcken, per lauf. Meter	— | 10	— | 20	
4	Auf sehr steilen Gehängen mit vielen Felsen, Wurzeln und Stöcken, per lauf. Meter	— | 20	— | 40	
5	Gehsteige oder Forstschutzpfade von 1 bis 1½ Meter Breite, per lauf. Meter	— | 1	— | 3	

B. Kunstmäßige Waldstraßen, Dohlen- & Brückenbauten.

Die kunstmäßig gebauten Waldstraßen erhalten in der Regel eine Breite von 5,60—6,00 Metern mit gleichmäßigem Gefälle.

Hievon kommen:

a) **in ebenem oder sanft geneigtem Terrain**

4,00 Mtr. auf die Fahrbahn mit oder ohne Liniensteine,
2,00 „ auf die beiderseitigen Fußbänke.

Außerdem werden neben den Fußbänken im Einschnitte und auf der Bergseite, Gräben von 0,60 Mtr. Breite und 0,50 Mtr. Tiefe aufgeworfen.

b) **an Abhängen und deren Fuß in Thälern**

4,00 Mtr. auf die Fahrbahn mit oder ohne Liniensteine,
1,00 „ auf eine Fußbank gegen die Thalseite und gegen die Bergseite **entweder**
0,60 „ auf eine gepflasterte Rinne, und zwar bei beschränktem Terrain, **oder**
1,00 „ auf eine zweite Fußbank, wenn es das Terrain erlaubt.

In diesem Falle wird auch ein Graben wie bei a. aufgeworfen.

Bei a. kann der Wegkörper in der Regel mit Böschungen ohne Stützmauern hergestellt werden. — Die Böschungen erhalten alsdann im Auftrag einen $1^{1/2}$ maligen und im Abtrag einen 1maligen Anlauf.

Bei b. müssen je nach den Terrainverhältnissen, entweder durchgehends Stützmauern auf einer oder beiden Seiten oder es können theilweise auch Böschungen angebracht werden.

Die Stützmauern werden in regelmäßigen Schichten von 0,20 Mtr. bis 0,25 Mtr. Höhe und mit $^1/_{10}$ bis $^1/_8$ Anlauf hergestellt. Liniensteine werden bei a. nur dann angewendet, wenn das Material hiezu in der Nähe billig zu haben ist; solche erhalten eine Breite von 0,20 Mtr. bis 0,25 Mtr. und die Fahrbahn selbst wird alsdann nur 3,60 Mtr. bis 3,50 Mtr. breit. Bei b. ist deren Anwendung nothwendig, um der Fahrbahn mehr Halt zu geben.

Der Grundbau der Fahrbahn incl. Liniensteine wird 0,30 Mtr. tiefer, als die Fußbänke oder das Rinnenpflaster, mit einer Wölbung von 0,20 Mtr. angelegt.

Die Fahrbahn selbst wird 0,20 Mtr. hoch unter Einhaltung der Wölbung mit Sandsteinen gestückt und 0,10 Mtr. hoch bis zur Höhe der Fußbänke oder Liniensteine, mit Deckmaterial überführt.

Ordnungs-Nummer.	Gegenstand.	Preise. fl.|kr.		Bemerkungen.
	Kostennormen.			* Es ist angenommen, daß Erde und Rasen, sowie die Sandsteine aus den zunächst gelegenen Waldorten unentgeltlich bezogen werden.
*1	Den Kubikmeter gewöhnlicher, leichter Erde und Sand, zu graben, zu laden oder einmal mit der Schaufel zu werfen, kostet . . .	—	6	
2	Den Kubikmeter schwere, steinigte oder mit Wurzeln vermischte Erde, zu graben, zu laden oder einmal mit der Schaufel zu werfen, kostet	—	10	
3	Den Kubikmeter geladener Erde auf			
	eine Weite von 5—10 Mtr. zu verfahren	—	3	
	eine Weite von 10—20 Mtr. zu verfahren	—	4	
	eine Weite von 20—50 Mtr. zu verfahren	—	5	
	eine Weite von 50—100 Mtr. zu verfahren	—	7	
	eine Weite von 100—200 Mtr. zu verfahren	—	9	
4	Den Kubikmeter aufgetragene Erde planmäßig in 0,20 Mtr. hohen Schichten zu verebnen, fest anzustampfen und in die Außenseiten der Böschungen im Auftrag, Rasen oder in Ermangelung dessen mindestens 0,20 Mtr. dicke gute fruchtbare Erde, im Verband mit dem übrigen Auftrage, einzustampfen	—	3	

Ordnungs-Nummer.	Gegenstand.	Preise.		Bemerkungen.
		Minimum. fl.|kr.	Maximum. fl.|kr.	
*5	Der laufende Meter Liniensteine von 0,20 Mtr. bis 0,25 Mtr. dick, 0,30 Mtr. hoch und mindestens 0,50 Mtr. lang, mit sauber abgespitztem Haupt, die Stoßfugen von oben herab genau schließend: Brechen, Zurichten, Versetzen und Transport. . .	— 7	— 10	Die Differenz bei den Preisen der einzelnen Normen ist durch die Transportverhältnisse bedingt. Bei den Minimalpreisen ist angenommen, daß die Steine in dem Wegkörper selbst oder dessen unmittelbarer Nähe gebrochen werden können. Bei den Maximalbeträgen ist schwieriger Transport auf 500 Mtr. Entfernung mittelst Schlitten od. Schubkarren angenommen. Hienach lassen sich Zwischenstufen leicht bilden. Für weitere Transporte per Achse vide Norm Nr. 26.
6	Der Kubikmeter Sandsteingestück aus 0,20 Mtr. hohen Steinen, in gutem Verbande, die leeren Zwischenräume mit Steinen fest auszuschlagen und die Wölbung nach Vorschrift herzustellen: Brechen, Rücken und Transport	— 24	— 36	
7	Der Quadratmeter Rinnenpflaster von 0,15 Mtr. hohen, 0,10 Mtr. bis 0,15 Mtr. im Geviert starken Sandsteinen in regelmäßigen Schichten: Brechen, Richten, Pflastern und Transport . . .	— 18	— 24	
8	Der Quadratmeter Muldenpflaster in regelmäßigen Schichten von 0,20 Mtr. bis 0,25 Mtr. Breite, die Steine mindestens 0,50 Mtr. lang und 0,30 Mtr. hoch, das			

Ordnungs-Nummer.	Gegenstand.	Preise.		Bemerkungen.
		Minimum. fl.|kr.	Maximum. fl.|kr.	
9	Haupt sauber abgespitzt und die Fugen auf 0,10 Mtr. genau schließend: Brechen, Richten, Pflastern und Transport . . .	—|44	1|—	
	Der Kubikmeter trocknes Bruchsteinmauerwerk zu Fundament der Stützmauern, in regelmäßigen Schichten von 0,15 bis 0,20 Mtr. hoh. Sandsteinen in gutem Verbande: Brechen, Vermauern und Transport	1|—	1|24	
10	Der Quadratmeter Stützmauer aus Sandsteinen in regelmäßigen Schichten von 0,25 Mtr. Höhe, die Steine mindestens 0,50 Mtr. lang und 0,60 Mtr. breit, auf Lager und Stoßfugen genau rechtwinklig schließend, mit sauber abgespitzten Häuptern und mit Randschlag: Brechen, Richten, Versetzen, dann Verdickung mit Bruchsteinen im Verhältniß zur Höhe, so daß in lothrechter Höhe die obere Mauerschichte noch 0,60 Mtr. dick ist, und Transport . . .	1|—	1|18	
	Stärkere Verdickungen der Stützmauern (bei außergewöhnlicher Höhe oder nassem,			

Ordnungs-Nummer.	Gegenstand.	Preise. Minimum. fl.|kr.	Preise. Maximum. fl.|kr.	Bemerkungen.
	galligem Boden) müssen besonders nach Norm 9 vergütet werden.			
11	Den Kubikmeter Kies zu graben und zu sieben:			
	a) bei leichter Förderung in reichhalt. Gruben u. leichter Ausscheidung von beigemengt. Sand od. Gries	— | —	— | 36	
	b) bei schwieriger Ausscheidung von beigemengtem Thon und Letten . .	— | —	— | 45	
	c) bei schwieriger Förderung aus tief gelegenen Gruben oder Nestern und bei leichter Ausscheidung von beigemengtem Sand oder Gries	— | —	— | 54	
	d) deßgl. bei schwieriger Ausscheidung von beigemengtem Thon oder Letten .	— | —	1 | 12	
12	Der Kubikmet. Basalt, Granit, Diorit ꝛc. auf 0,03 Mtr. nach jed. Seite kleingeschlagen: Bruchzins, Brechen und Kleinschlagen	1 | 24	2 | —	
*13	Den Kubikmeter des bei 11 und 12 bezeichneten Materials zu transportiren			Hiebei kommt hauptsächlich in Betracht, wie oft an einem Tage gefahren werden kann.
	per ½ Stunde . . .	— | —	— | 36	
	„ Stunde	— | —	1 | —	
	bei 2 Stunden . . .	— | —	2 | 20	
	„ 3—4 Stunden . .	— | —	4 | —	

Ordnungs-Nummer.	Gegenstand.	Preise.				Bemerkungen.
		Minimum.		Maximum.		
		fl.	kr.	fl.	kr.	
	Dohlen- und Brückenbauten.					
14	Beim Fundamenträumen gelten die Normen 1 bis 4					
15	Für Wasserabdämmen u. Wasserschöpfen, wo solches nöthig wird, lassen sich Normen nicht aufstellen; hiefür müssen Taglöhne oder Pauschsummen gutachtlich ausgeworfen werden.					
16	Der Kubikmeter trocknes Bruchsteinmauerwerk zu Fundament und Verdickungen einfacher Wegdohlen, mit allen Leistungen wie bei Nro. 9 .	1	—	1	24	
17	Deßgl. in gewöhnlichen Mörtel (⅓ Kalk ⅔ Sand)	1	36	2	—	
*18	Der Kubikmeter Hausteine zu Seitenwänden (0,30 Mtr. hoch und 0,60 Mtr. breit) und Sohl- und Deckplatten (0,20 Mtr. bis 0,25 Mtr. dick) gewöhnlicher einfacher Straßendohlen: Brechen, Rüstung der Lager- und Stoßfugen, feines Abspitzen der sichtbaren Oberflächen, Meiselrandschlag und Versetzen ohne Mörtel, sammt Transport	3	30	4	—	* Hiernach berechnet sich der laufende Meter eines Durchlasses von 0,50 Mtr. im Lichten und 0,60 Mtr. Höhe auf 6 fl. 36 kr. im Durchschnitt.
19	Für deßgl. mit Versetzen in Mörtel	4	—	4	30	

Ordnungs-Nummer.	Gegenstand.	Preise.		Bemerkungen.
		Minimum. fl.|kr.	Maximum. fl.|kr.	
20	Der Kubikmeter Hausteine gewöhnlicher Zurüstung und Größe zu Brückenwiderlagern incl. Kämpfern, und Paramentmauer der Flügel: Brechen, Rüstung der Lager und Stoßfugen, Kröneln der sichtbaren Oberflächen, Meiselrandschlag, Versetzen u. Mörtel, nebst Cementirung der Fugen und Transport .	5|30	6|—	
21	Der Kubikmeter Mauerwerk von keilförmig zugerichteten Steinen, in regelmäßigen Schichten von der halben Dicke der Stirnquader, zu Gewölben: Brechen, Zurichten, Arbeitslohn, Mörtel, Cementirung der Fugen, mit aller Rüstung und Transport . .	4|30	5|—	
22	Den Kubikmeter Hausteine besonderer Größe und Bearbeitung zu Gewölbfronten (Stirnquader), Gurt und Brüstung, mit allen Leistungen wie bei Nro. 20	9|—	10|—	
23	Der Quadratmtr. Brückenpflaster aus Sandsteinen von 0,15 Mtr. hohen, 0,12 Mtr. bis 0,16 Mtr. im Geviert starken Steinen, die Fugen gut schließend:			

Ordnungs-Nummer.	Gegenstand.	Preise.		Be-merkungen.
		Mini-mum. fl.|kr.	Maxi-mum. fl.|kr.	
24	Brechen, Zurichten, Pfläs= stern incl. Sand, m. Transport Der Quadratmtr. Brücken= pflaster aus Diorit, Granit, Basalt 2c. von 0,12 Mtr. bis 0,15 Mtr. hohen u. 0,10 Mtr. bis 0,12 Mtr. im Geviert starken Steinen:	— 24	— 30	
25	Bruchzins, Brechen, Zu= richten, Pfläftern incl. Sand, excl. Transport . . . . Abweifer aus Sandfteinen 1,00 Mtr. lang, 025 Mtr. bis 0,35 Mtr. Durchmeffer, rauh abgespitzt:	— 36	1 —	
26	Brechen, Zurichten, Ver= fetzen und Transport . . . Wie in den Bemerkungen bereits angedeutet, ift bei den für den Steinbau ausgewor= fenen Maximalpreifen nur Transport mittelst Schlitten oder Schubkarren bis auf 500 Mtr. Entfernung ange= nommen. — Für weitere Ent= fernungen find den Minimal= preifen für den Kubikmeter beizufchlagen : a) bei Bruchfteinen, Ge= ftückfteinen und Pflafterfteinen per Stunde . . . . . . b) bei Linienfteinen, Stütz= mauern und Haufteinen . .	1 — — 54 1 12	2 — — — — —	

Gegenstand.	Kosten-betrag. fl.|kr.	Bemerkungen.
Kunstmäßige Waldstraßen, welche unter den Eingangs erwähnten Verhältnissen und mit Anwendung der vorstehenden Detailpreise ausgeführt wurden, kosteten durchschnittlich per lauf. Meter:		
1. Straße von Johanneskreuz nach Heltersberg, unter den bei a beschriebenen Terrainverhältnissen, ohne Stützmauern u. Liniensteine, (Kies als Deckmaterial)	2|10	
2. Straße von Johanneskreuz nach Leimen, wie bei 1.	2|30	
3. Straße von Johanneskreuz nach Kaiserslautern bis an den Plickenweiher, wie bei 1.	2|30	
4. Salzbachthalstraße, vom Kaltenbacherhof über den Salzwoog, desgl. jedoch mit Liniensteinen und theilweise Stützmauern	3|—	
5. Straße von Johanneskreuz nach Elmstein (Fortsetzung der Elmsteiner Thalstraße), theils unter den bei a, vorwiegend aber unter den bei b beschriebenen Terrainverhältnissen, mit Stützmauern beiderseits und Liniensteinen; Kies als Deckmaterial	3|42	
6. Ortstraverse Elmstein; Forster Basalt, als Deckmaterial	6|—	
7. Thalstraße von Elmstein bis Kreuzbrücke, unter den bei b beschriebenen Terrainverhältnissen, mit Liniensteinen, Stückmauern beiderseits und Neustadter Diorit als Deckmaterial	5|—	